MEISTER ECKHART

EWIGKEIT INMITTEN DIESER ZEIT

AUSGEWÄHLT, EINGELEITET UND KOMMENTIERT

VON KARIN JOHNE

BENZIGER

3. Auflage 1992

Umschlaggestaltung: H+C Waldvogel
unter Verwendung eines Bildes aus dem
Archiv für Kunst und Geschichte, Berlin

ISBN 3-545-20528-2

VORWORT ZUR DRITTEN AUFLAGE

Seitdem dieses Buch erstmals erschienen ist, scheint mir der Inhalt noch ein ganzes Stück aktueller geworden zu sein. Vor zehn Jahren entstand es aus der Praxis von Exerzitienkursen über Meister Eckhart. Viele solcher Kurse und Wochenenden konnte ich seither zu diesem Thema anbieten – und spürte von Jahr zu Jahr ein steigendes Interesse an christlicher Mystik und eine wachsende Nachwirkung dieser Kurse. Schon vor 700 Jahren gab uns Meister Eckhart Antworten auf Fragen und Nöte, die heute immer brennender werden:

Meister Eckhart weist uns hin auf einen Ruhepunkt inmitten der Unruhe.
Wer von uns brauchte und suchte nicht immer wieder solch einen Ruhepunkt? Eckhart prägte den Satz: «Dem Menschen in solch vollkommen guten Willen kann... keine Zeit zu kurz sein.» Wer war das, der so etwas sagen konnte?

Meister Eckhart weist uns hin auf die Einheit, in der alle Vielfalt wurzelt.
Noch keine Generation vor uns hatte eine solche Vielfalt von Lebens- und Entfaltungsmöglichkeiten wie wir Menschen der westlichen Welt. Aber oft werden wir davon innerlich zerrissen. Meister Eckhart sagt: «Der Mensch sucht im Grunde nur nach ‹dem Einen›, nach Gott in sich selbst – solange er das nicht findet, muß er ruhelos weiterjagen.»

Meister Eckhart zeigt den Weg des Lassens als Weg zur wahren Fülle.
Wie schwer können wir wirklich etwas oder jemanden loslassen! Meister Eckharts Denken kreist um das Geheimnis der «Gelassenheit». Loslassen braucht kein Ver-

lust zu sein – im Gegenteil: Jedes «Lassen», jeder Verzicht – von Gott angenommen – öffnet mich für größere Fülle wahren Lebens.

Meister Eckhart verlegt das Gewicht vom Haben auf das Sein.
Erich Fromm hat das vielbeachtete Buch geschrieben: «Haben oder Sein». Fromm übernimmt Gedanken von Meister Eckhart. Mir hat dieses Buch die Augen geöffnet für die Gefahren unseres Lebensstiles. Auch anderen erging es so: Zu einem meiner Meister-Eckhart-Kurse meldeten sich junge Menschen, die durch dieses Buch auf jenen christlichen Meister gestoßen waren und ihn näher kennenlernen wollten.

Meister Eckhart zielt auf die Verwandlung des Menschen von innen her.
Müssen es uns heute erst die Anhänger der New-Age-Bewegung sagen, daß die Rettung der Menschheit nur von einem verwandelten Bewußtsein ausgehen kann? Meister Eckhart weiß als Christ um die Notwendigkeit solcher inneren Verwandlung: In seinem Innersten kann der Mensch mit Gott «eins» werden, indem er sich von Ihm prägen läßt.

Solche Erkenntnisse kann ich nicht einfach übernehmen, sie erschließen sich im Leben, denn: «Solange der Mensch dieser Wahrheit nicht gleicht, solange wird er diese Rede nicht verstehen. Denn es ist eine verhüllte Wahrheit, die gekommen ist aus dem Herzen Gottes unmittelbar.»

Markkleeberg, Mai 1992 *Karin Johne*

Das ist es, auf das ich es in allen meinen Predigten abgesehen habe, daß ein Mensch Gott allezeit nahe und gegenwärtig sein soll, so daß ihn nichts von Gott entfernen kann, weder Glück noch Unglück, noch irgendeine Kreatur.

Meister Eckhart

EINFÜHRUNG

Grundanliegen Meister Eckharts

Eine Legende erzählt: Meister Eckhart sprach zu einem armen Menschen: «Gott gebe dir einen guten Morgen, Bruder!» «Herr, den behaltet für euch selber, ich habe noch nie einen bösen gehabt.» Er sagte: «Warum denn, Bruder?» – «Weil ich alles, was mir Gott je zu leiden aufgab, fröhlich um seinetwillen litt und mich seiner unwürdig dünkte, und darum ward ich nie traurig noch betrübt.» Er sprach: «Wo fandest du Gott zu allererst?» – «Als ich von allen Kreaturen abließ, da fand ich Gott.» Er sprach: «Wo hast du denn Gott gelassen, Bruder?» – «In allen lauteren, reinen Herzen.» Er sprach: «Was für ein Mann bist du, Bruder?» – «Ich bin ein König.» Er sprach: «Ein König muß ein Königreich haben. Wo ist denn dein Reich, Bruder?» – «In meiner Seele.» Er sprach: «Wieso, Bruder?» – «Wenn ich die Pforten meiner fünf Sinne verschlossen habe und ich Gottes mit ganzem Ernst begehre, so finde ich Gott in meiner Seele ebenso strahlend und froh, wie er im ewigen Leben ist.» Er sprach: «Du magst wohl heilig sein, Bruder, wer hat dich heilig gemacht?» – «Das taten mein Stillesitzen und meine hohen Gedanken und meine Vereinigung mit Gott, – das hat mich in den Himmel emporgezogen; denn ich konnte nie bei irgend etwas Ruhe finden, das weniger war als Gott. Nun habe ich ihn gefunden und habe Ruhe und Freude in ihm ewiglich.» (L II)

Legenden sind gewachsen aus meditativer Schau. In bildhaft einfacher Weise schenkt uns eine Legende Einblick in Wesentliches des Denkens und Fühlens einer Person, der die Legende zugewachsen ist. Denn nur um Menschen, deren Leben *Wesentliches* aussagt, bilden sich Legenden. Was aus solchem meditativen Schauen gewachsen ist, kann einen sehr tiefen Zugang zur Wahrheit haben, wenn dieser Zugang auch auf einer anderen Ebene liegt, als ihn die Erforschung historisch-«objektiver» Tatsachen vermittelt.
Was sagt nun unsere Legende aus vom wesentlichen Anliegen dieses großen Mystikers?
Wo immer wir Meister Eckhart begegnen, treffen wir auf einen Menschen, der den Eindruck erweckt, als komme sein Blick aus einem Bereich, der außerhalb unseres menschenmöglichen Denkens und Erlebens liege. «Wer den Vater anbeten will, muß sich mit seiner Zuversicht und seinem Begehren in die Ewigkeit versetzen» (P 49), fordert er seine Predigthörer auf, als sei dies eine ganz selbstverständliche Sache. Dieser Ausgangspunkt schenkt ihm seine einzigartige Schau. Er schaut das Heilige, deshalb ist dieser Schau immer innewohnend das «tremendum et fascinosum» (R. Otto). Jedoch liegt bei Eckhart das ganze Gewicht auf dem «Fascinosum» – auf dem, was ihn fasziniert:
– Meister Eckhart ist fasziniert von der *unbegreiflichen Größe Gottes:* Er kann sagen: «Niemand kann soweit kommen, Gott aussprechen zu können!» (P 37)
– Meister Eckhart ist ebenso fasziniert von der *Größe*

und Würde des Menschen als Geschöpf Gottes: «Als Gott alle Kreaturen erschaffen hatte, da waren sie so geringwertig und so eng, daß er sich in ihnen nicht regen konnte. Die Seele jedoch machte er sich so gleich und so ebenbildlich, auf daß er sich der Seele geben könne.» (P 4)

– Weiterhin ist Meister Eckhart fasziniert davon, daß der Mensch die Möglichkeit hat, sich durch *Gelassenheit* (ein Schlüsselwort Eckhart'scher Mystik!) für Gott zu öffnen, indem er sich immer tiefer in den meditativen Raum der Stille und der Wüste hineinläßt: «Nun spricht unser Herr: Niemand hört mein Wort noch meine Lehre, er habe denn sich selbst gelassen. Denn wer Gottes Wort hören will, der muß völlig gelassen sein» (P 13) «In der Stille und in der Ruhe spricht Gott in die Seele und spricht sich ganz in die Seele» (P 19).

– Meister Eckhart ist auch fasziniert von der Erfahrung, welch einzigartige Chance für den Christen im *angenommenen Leiden* liegt: «Sankt Augustinus sagt, daß Geduld im Leiden um Gottes willen besser, wertvoller und höher und edler ist als alles, was man dem Menschen gegen seinen Willen wegnehmen kann» (T II/2).

– Meister Eckhart ist schließlich fasziniert von dem Erleben, daß ein Mensch bereits in *diesem Leben* etwas von der *ewigen Seligkeit* Gottes zu schmecken vermag: Es kann dem Menschen geschehen, «daß weder Liebes noch Leides noch alles, was Gott in der Zeit geschaffen hat, den Menschen zu verstören vermag, er vielmehr machtvoll darin stehen bleibt, wie in einer göttlichen Kraft, der gegenüber alle Dinge klein und unvermögend sind.» (P 1)

In diesen fünf verschiedenen Blickrichtungen, von denen diese Faszination für Meister Eckhart ausgeht, finden wir die Gedanken wieder, die uns in der Legende «Von dem guten Morgen» begegneten:

– Ich konnte nie bei irgend etwas Ruhe finden, das weniger war als Gott ...
– Ich finde Gott in meiner Seele ebenso strahlend und froh wie er im ewigen Leben ist ...
– Als ich von allen Kreaturen abließ, da fand ich Gott
– Das taten mein Stillesitzen und meine hohen Gedanken und meine Vereinigung mit Gott ...
– Weil ich alles, was mir Gott je zu leiden gab, fröhlich um seinetwillen litt und mich seiner unwürdig dünkte ...
– Das hat mich in den Himmel emporgezogen ... nun habe ich Gott gefunden und habe Ruhe und Freude in ihm ewiglich».

Da mag die Frage aufwachen: Wie ist es möglich, daß sich wesentliche Grundanliegen eines der tiefsten Denker und Philosophen der abendländischen Christenheit in solch einfachen Worten und wenigen Zeilen einer kleinen Legende zum Ausdruck bringen lassen?

Vielleicht darf man die Antwort in folgender Richtung suchen: Dieser «Meister» gehört in solch einer einzigartigen Weise zu den begnadeten Menschen, daß er alle natürlichen Maßstäbe, die man an ihn anzulegen versucht, zu sprengen scheint. Man muß ihn unter die «Großen» einordnen. Was aber wahrhaft «groß» ist im Reich Gottes, trägt immer in sich die Tendenz, alles Komplizierte und Differenzierte hinter sich zu lassen und in eine große Einfachheit zu münden. Denn es geht diesem mittelalterlichen Menschen letztlich genau um das, worum sich der heutige Mensch in der Meditation müht: Überwältigt von der Sehnsucht nach einer letzten Sinnerfüllung seines Lebens betritt er einen Weg. Dieser führt durch lebenslange, intensive Übung um ein bis in die Tiefe gehendes Sichloslassen in jenen Raum, wo alles Unterschiedene zurückbleibt und ihm in dieser inneren «Wüste» eine neue und überwältigende Erfahrung Gottes aufleuch-

tet: «Göttliches Licht kann in die menschlichen Kräfte nicht leuchten, jedoch durch Übung und Läuterung können sie empfänglich werden.» (P 11)
Dabei ist es nicht ganz einfach, ihm auf seinem inneren Weg zu folgen; denn er verschließt sich dem, der versuchen wollte, rein theoretisch zur Kenntnis zu nehmen, was er sagt. Dagegen öffnet er sich jedem, der das Wagnis unternimmt, sich in der Ganzheit seiner Person auf diesen Meister des geistlichen Lebens einzulassen.

Zugangsmöglichkeiten zu Meister Eckhart

– Wer sich auf Meister Eckhart einläßt, sollte sich dessen bewußt sein, daß er sich auf eine *Hochgebirgswanderung* auf geistigem Gebiet begibt. Dieser Mensch hat «Höhen» erstiegen, die vor ihm noch kaum jemand betreten hat. Doch er hat diese gewaltigen Anstrengungen nicht nur im eigenen Interesse unternommen. Sein ganzes Anliegen ist es, die Schönheit und Herrlichkeit dieses Erlebens anderen Menschen vor Augen zu führen. Nichts anderes beabsichtigt er, als *uns* zu locken, uns selbst auf diesen Weg zu begeben, um diese herrliche Hochgebirgswelt zu schauen und ihre reine Luft zu atmen.
Hier ist ein Mensch, der sich nie begnügt mit vorläufigen Zielen. Er kennt und erstrebt *das höchste Ziel*, das einem Menschen überhaupt erreichbar ist. Dabei wird sogar noch das Bild von der Hochgebirgswanderung gesprengt – wie alle Bilder bei Meister Eckhart «durchbrochen» werden: «Der Sonne entgegen» kann zum Lebensinhalt werden – auch wenn ich weiß, daß ich die Sonne nie erreichen werde. Das «Ziel» ist bei Meister Eckhart nicht ein fester Punkt, den ich erreichen kann, und dann habe ich es «erreicht», sondern es ist eine Bewegung, eine Richtung, die ich innehabe: Weg von mir – hin zu Dir.

Stecken wir uns in unserem christlichen Leben die Ziele nicht oft viel zu niedrig – und wundern uns dann, wenn wir schnell unsicher und müde werden? Diese Frage stellt uns die Begegnung mit Meister Eckhart.

– Wer sich auf seinem christlichen Weg auf Meister Eckhart einläßt, spürt auch immer mehr, daß dieser Mystiker keine tote Theorie vor uns ausbreitet, sondern daß hier ein Mensch aus einer *einzigartigen Erfahrung* spricht. Was er über Gott sagt und die Möglichkeit, ihn zu erleben, hat er selbst erlebt. Dahin will er seine Hörer führen. Wie suchen wir heute nach Menschen, die in einer glaubwürdigen Weise aus eigenen Erfahrungen von Gott zeugen können, wie leblos erscheint oft eine Verkündigung, die nur die «reine Lehre» bietet, mag sie objektiv noch so richtig sein!

– Und noch ein weiteres: Meister Eckhart erweckt bei denen, die sich ihm anvertrauen, nicht nur den Eindruck, daß er hier und da einmal einen kurzen Blick in die «Hochgebirgswelt» des lebendigen Gottes tun durfte, sondern daß er in dieser Welt *sein «Zu-Hause»* hat. Ihm haben sich nicht nur einmal kurz bei seiner Wanderung die Nebel zerteilt und für einige Sekunden den Blick auf die unwahrscheinlich schöne Bergwelt freigegeben, sondern er hat sich mitten in dieser Hochgebirgswelt seine «Hütte bauen» (Mt 17,4) dürfen. Ja, ich möchte sogar einen Schritt weitergehen und selbst das Bild von der Hochgebirgswanderung noch übersteigen: Wer einen hohen Berggipfel – und sei es selbst der höchste dieser Erde – erklimmt, bleibt dennoch auf dieser Erde, ihrer Schwerkraft verhaftet. Erst wer sich einem Flugzeug oder gar einer Weltraumkapsel anvertraut, läßt diese Erde unter sich und bekommt von einer anderen Warte aus eine ganz neue Sicht. Dieser begegnen wir bei Meister Eckhart: Er hat bereits in diesem Leben einen Schritt tun dürfen in die Ewigkeit Gottes, in eine Welt, die gewissermaßen schon *jenseits der Todeslinie* liegt. Von dort her sieht er diese Welt und dieses Leben. Von diesem neuen Standpunkt aus zeigt sich ihm *alles* in neuem Licht.

Das hat nun Folgen für die *Art seiner Verkündigung*: Was im Geheimnis Gottes beheimatet ist, was im Raum der Ewigkeit erfahren wird, entzieht sich unserer menschlichen Begreifbarkeit und damit auch unserer menschlichen Sprache. Der Apostel Paulus sagt von einer Gotteserfahrung, daß er «unsagbare Worte vernahm, die einem Menschen auszusprechen versagt sind» (2 Kor 12,4).

Solches Verstummen ist für Meister Eckhart nicht möglich. Er steht unter einem *heiligen Muß,* das eigentlich Unsagbare sagen, das Unaussprechliche aussprechen zu müssen. Er muß versuchen, das wahrhaft Unbegreifliche den Menschen «begreiflich» zu machen. Dieser innere Widerspruch ist *der Auftrag* seines Lebens: «Wäre niemand hier gewesen, ich hätte diese Predigt diesem Opferstock halten müssen!» (P 26), bricht es aus ihm hervor.

Und er versucht, diesem Auftrag durch verschiedene formale Mittel zu entsprechen, welche die Art seiner Verkündigung nachhaltig beeinflussen. Immer aber ist man in der Gefahr, ihn mißzuverstehen, wenn man diese formalen Mittel nicht unter diesem Aspekt sieht: als Versuch, mit den unzulänglichen Mitteln menschlicher Sprache etwas auszusagen, was diese Sprache letztlich gar nicht auszudrücken vermag. Was ergibt sich daraus?

– Meister Eckhart weiß wie kaum ein anderer darum, daß das Geheimnis Gottes sich jedem, auch dem tiefsten Bild entzieht: «Hätte ich einen Gott, den ich erkennen könnte, ich würde ihn nimmer für Gott ansehen» (P 42). Obwohl er dieses weiß und wieder und wieder ausspricht, kann er nicht anders, als selbst

von diesem Gott in immer neuen Bildern und Vergleichen zu sprechen: «Als ich heute hierher ging, da sann ich darüber nach, wie ich euch so verständlich predigen könnte, daß ihr mich gut verstündet und erdachte ein Gleichnis.» (P 34)
Wie erklärt sich dieser Widerspruch?
Der Mensch braucht das Bild – Symbol, um etwas von dem Unbegreiflichen aussagen zu können. Aber jedes Bild kann nur ein schwacher Hinweis sein auf das ganz Andere, worauf es hinweist: Der Mensch «muß lernen, die Dinge zu durchbrechen und seinen Gott darin zu ergreifen ... in einer wesenhaften Weise.» (T I/6)
Wer sich bei seiner Beschäftigung mit Meister Eckhart nicht ständig dessen bewußt ist, daß auch das «treffendste» Bild nichts anderes sein kann und will als ein völlig unzureichender Hinweis auf das, was jenseits jedes Bildes steht, muß Meister Eckhart notwendig mißverstehen.
– Meister Eckhart, der wie kaum ein anderer darum weiß, daß die Geheimnisse Gottes sich der Sagbarkeit entziehen, muß – um überhaupt über sein Anliegen sprechen zu können – das Sagbare bis in die allerletzten Grenzen des Möglichen vorantreiben: «So klein ein Wörtlein ist, verglichen mit der ganzen Welt, so klein ist alle die Weisheit, die wir hier lernen können, gegenüber der bloßen, lauteren Wahrheit» (P 3). So kann er sagen; oder: «Gäbe es einen Menschen, der ... rein nur um Gottes Willen leiden wollte, und fiele auf ihn all das Leiden miteinander, das sämtliche Menschen je erlitten und das die ganze Welt zusammen trägt, das täte ihm nicht weh und wäre ihm auch nicht schwer ...» (P 2) Wer nicht begreift, daß mit solchen Worten, die wie sinnlose Übertreibung klingen, nichts anderes ausgesagt werden soll, als das, was alles Sagbare weit hinter sich läßt, da es sich auf einer anderen Ebene befindet, muß Meister Eckhart notwendig mißverstehen.

– Meister Eckhart, der in einmaliger Klarheit darum weiß, daß Gott «weder dies noch das ist» (P 2), sondern daß Gott die letzte Einheit ist, die alles Gegensätzliche vereint, muß dennoch – um das Unsagbare ins Wort bringen zu können – das, was er sagen will, immer wieder in Gegensätzen, ja in Widersprüchen und Paradoxen aussagen, die sich bis zu scheinbaren Sinnlosigkeiten steigern können: «Wenn ich Gott gut nenne, so sage ich etwas ebenso Verkehrtes, als wenn ich das Weiße schwarz nennen wollte» (B). Kein Wunder, daß die päpstliche Bulle diesen letzten Satz als häresieverdächtig anklagt! Und was mögen die frommen Schwestern empfunden haben, wenn ihnen in einer Predigt gesagt wurde: «Ein gerechter Mensch bedarf Gottes nicht.» (P 48)

Wer solche Sätze hört, kann sehr verschieden darauf reagieren:

Er kann einfach abschalten: Was da gesagt wird, ist barer Unsinn, geht mich nichts an! Oder er kann den Wortlaut solcher Aussagen an der formulierten Lehre der Kirche messen und ihn auf seine Rechtgläubigkeit prüfen. Auf diese Weise kam es zur Verurteilung der «häretischen» Sätze. Dabei kann man eigentlich nur darüber staunen, daß nicht noch viel mehr Sätze Meister Eckharts verurteilt wurden. Denn wo man an das, was in schwachen, völlig unzureichenden Worten etwas vom Nicht-Sagbaren ausdrücken will, den Maßstab dogmatisch formulierter Wahrheit anlegt, bewegt man sich auf einer anderen Ebene als der des Gemeinten. Es gibt aber noch einen dritten Weg: Ich kann fragen, wie diese seltsam klingenden Sätze wohl gemeint sein könnten. Das setzt einen Vertrauensvorschuß voraus: Ich glaube, daß solch ein hochgebildeter Mensch wie Meister Eckhart keinen Unsinn redet. Ich bin überzeugt, daß ein Mensch wie er, der bis ins Tiefste von Gottesliebe durchglüht ist, keine Gotteslästerung aussprechen will – auch wenn er etwas sagt, was ungewohnt und fremd klingt! Also: Wie könnte das Gesagte wohl gemeint sein? Was steht hinter seinen Worten?

Mit solchen Fragen komme ich selbst in Bewegung, versuche ich, mich in denjenigen hineinzuversetzen, der mit solchem Paradox eine wichtige Aussage machen will. Dabei mühe ich mich darum, mich selbst in die Grundhaltung einzuschwingen, aus der solch ein Wort hervorgehen konnte. Und damit habe ich *den einzig möglichen Zugang* zur Lehre Meister Eckharts gefunden: Ich muß mich selbst dem *angleichen,* was er sagt, um es zu verstehen. Er setzt dies voraus: «Solange der Mensch dieser Wahrheit nicht gleicht, so lange wird er diese Rede nicht verstehen. Denn es ist eine unverhüllte Wahrheit, die da gekommen ist aus dem Herzen Gottes unmittelbar.» (P 32) Das heißt doch nichts anderes, als daß ich die Gedanken Meister Eckharts nicht auf der intellektuellen Ebene allein verstehen kann, wenn ich mich nicht zugleich auf der existentiellen Ebene befinde, wo sie entstanden sind. Nicht mit dem Kopf allein, sondern mit dem Herzen verstehe ich sein Anliegen. Dann vermag ich auch die Lösungen der Paradoxe anzunehmen: Gott kann nicht als «gut» bezeichnet werden, «denn fernab von Gott sind all drei: gut, besser und allerbest, denn er ist über alles erhaben» (P 42). Und ein gerechter Mensch bedarf Gottes nicht, denn: «was ich habe, dessen bedarf ich nicht!» (P 48)

Der Meister war sich dessen bewußt, daß er seinen Hörern und Lesern viel zumutete: «Ich habe irgendwann drei Wörtlein gesprochen, die nehmet als drei scharfe Muskatnüsse, und trinket hinterher!» (P 49). Solch einen Satz kann er mitten in eine Predigt einflechten. Und an anderer Stelle tröstet er seine Hörer: «Dies dünkt manche Leute eine schwere Rede. Deshalb aber soll niemand verzweifeln. Je mehr du dich Gott hingibst, um so mehr hinwieder gibt Gott sich

dir selbst» (und damit zugleich alle Erkenntnis) (P 50).
Was aber wissen wir vom Leben dieses Mannes, der – obwohl seine Lehre mit dem Brandmahl der Ketzerei gezeichnet war – über sechs Jahrhunderte hin auf die verschiedensten Menschen, auf Geistliche wie auf Laien, einen unauslöschlichen Eindruck ausgeübt hat und bis heute noch ausübt?

Leben und Werk Meister Eckharts

Nur wenige Daten berichten uns etwas über den äußeren Lebensweg dieses Mannes, der ganz von innen her lebte. Das mag uns ein Hinweis darauf sein, uns nicht zu ausführlich mit den äußeren Geschehnissen zu befassen, die nichts anderes sind als der Rahmen, in dem sich das faszinierende Drama seines inneren Weges vollzieht.
Der äußere Lebensweg Meister Eckharts führt in einer einzigartigen Weise steil aufwärts zu den höchsten Gipfeln menschlicher Anerkennung und menschlichen Ruhmes – um dann ebenso unvermittelt und jäh in eine Tiefe abzustürzen, die damals wohl kaum unterboten werden konnte: Der Provinzial mehrerer Ordensprovinzen des weltweiten Dominikanerordens steht am Ende seines Lebens vor dem Ketzergericht seiner Kirche. Unbekannt geht sein Leben unter – niemand kennt bis heute Ort und Tag seines Todes.
Schauen wir auf einiges, das uns aus seinem Leben bekannt ist: Geboren wurde er 1260 in Hochheim in Thüringen.
Bereits in sehr jungen Jahren muß er in den Dominikanerorden, den «Predigerorden», eingetreten sein, wo man bald seine hohe, ja einzigartige Begabung und Begnadung erkannt hat. «Prior von Erfurt» und «Vikar von Thüringen» ist er, ehe er sein vierzigstes Jahr erreicht hat. Dann wird er nach Paris berufen auf den

Lehrstuhl seines Ordens. Das studium generale in Paris war der geistige Mittelpunkt des Abendlandes. Dort erhält er nach zwei Jahren den Magister-Titel, der ihn zu «Meister Eckhart» macht.
Doch bald ruft man ihn zurück – er wird Provinzial der neugegründeten sächsischen Ordensprovinz, wenige Jahre später ist er auch noch für die vakante böhmische Provinz verantwortlich. Seine Aufgabe ist es, verwahrloste böhmische Ordenskonvente durchgreifend zu reformieren.
Wieder in Paris finden wir ihn wenige Jahre danach. Man braucht den besten Denker der Dominikaner dort, weil Lehrstreitigkeiten mit dem Franziskanerorden die Gemüter erregen und die Glaubensfragen neu durchdrungen werden müssen. Doch nur kurze Zeit darauf muß der jetzt Vierundfünfzigjährige die letzte große Aufgabe seines Lebens übernehmen, die zu seiner bleibenden Bedeutung geführt hat: Er bekommt den Ordensauftrag, in Straßburg die dominikanischen Frauenkonvente zu betreuen. Das bedeutet, daß er jetzt vor Ordensschwestern predigen muß und zwar in *deutscher* Sprache.
Dieser äußere Auftrag kommt einem inneren Auftrag Eckharts entgegen. Während zu seiner Zeit noch die Sprache der Theologie und des geistlichen Lebens allein das Latein war, versucht Eckhart bereits in seinen ersten Traktaten (die «Reden der Unterweisung» entstanden noch vor seinem ersten Pariser Aufenthalt) seine Anliegen in deutscher Sprache auszudrücken. Während er nun fast täglich in deutscher Sprache predigen muß – die meisten der deutschen Predigten des Meisters sind in den 13 Straßburger Jahren entstanden – muß er ständig neu nach Begriffen suchen, die das von ihm Gemeinte auszusagen vermögen. Dazu gilt es, immer wieder neue Worte und Ausdrücke zu schaffen, wenn die deutsche Sprache ihm für das entsprechende lateinische Wort kein

gleichbedeutendes Wort zur Verfügung stellt. So ist seiner Sprache ein ständiges Ertasten, Erspüren und Suchen eigen, das ihn zu einem Sprachschöpfer macht, der die deutsche Sprache mitgeprägt hat. Man kann und darf ihn in dieser Beziehung getrost an die Seite Martin Luthers stellen.

Nun sind uns allerdings seine Predigten nur durch Nachschriften überliefert. Durch sorgfältigste Forschungen der letzten Jahrzehnte ist es jedoch heute schon möglich, durch die überlieferten Texte hindurch dem Meister selbst in einer einzigartigen Weise zu begegnen. Das gibt uns den Mut, uns trotz aller noch bestehenden textlichen Unsicherheiten auf diesen Klassiker der Meditation einzulassen, wie er uns in seinen deutschen Traktaten und den überlieferten Predigten begegnet.

Wie aber ging sein Lebensweg weiter? Gerade seine *deutschen* Predigten waren es, seine Predigttätigkeit vor Laien, die ihn den Angriffen der kirchlichen Inquisition aussetzten. Solange es irgend möglich war, versuchte der Orden, ihn zu decken. Man ruft ihn auf den Lehrstuhl in Köln, den vorher Albertus Magnus innegehabt hat. Doch seine Gegner sind stärker: 1326 wird der Ketzerprozeß gegen ihn eröffnet.

Meister Eckhart verteidigt sich mit aller Geschicklichkeit, schließlich legt er Berufung ein an das päpstliche Gericht. Als diese Berufung nicht weitergeleitet wird, macht er sich auf, um sich persönlich vor dem Papst in Avignon zu verteidigen. Er ist sich seiner Sache gewiß. Aus den erhalten gebliebenen Prozeßakten seiner Verteidigung in Köln geht hervor: «Zwar sei er sich bewußt, kühn und ungewöhnlich über Außerordentliches geschrieben und gesprochen zu haben; von hohen Dingen könne auch nur in hohen Worten, mit emphatischem Ausdruck und mit erhabener Seele gekündet werden. Gewiß zwar könne er irren, nicht aber Häretiker sein, da dies eine Sache des Willens sei.»

Seine Abreise nach Avignon 1327 ist das letzte Datum seines Lebens, das uns bekannt ist. Am 27. März 1329 wird die päpstliche Bulle «In agro dominico» veröffentlicht, in der 17 Sätze Meister Eckharts als häretisch und 11 weitere Sätze als häresieverdächtig verurteilt werden. Die Bulle spricht von Meister Eckhart als einem Verstorbenen:

«Ferner aber wollen Wir ... kundtun, daß ... der genannte Eckhart am Ende seines Lebens den katholischen Glauben bekennend, die angeführten sechsundzwanzig Artikel, die gepredigt zu haben er bekannte, ferner auch alles andere von ihm Geschriebene wie ... Gelehrte, das in den Gemütern der Gläubigen einen häretischen oder irrtümlichen und dem wahren Glauben feindlichen Sinn erzeugen könnte, soweit es diesen Sinn betrifft, widerrufen wie auch verworfen hat ... indem er sich und alle seine Schriften und Aussprüche der Entscheidung des apostolischen Stuhles und der Unseren unterworfen hat.»

Trotz dieses Widerrufes aber war nun dieser größte deutsche Dominikanerprediger als Ketzer gebrandmarkt. Jahrhunderte hindurch wagte es kaum jemand, seinen Namen öffentlich zu nennen. Um so erstaunlicher ist es, wie stark seine Wirkung auf das innere religiöse Leben in Deutschland dennoch blieb. Seine Rehabilitation hat sich in vollem Maß erst in unserem Jahrhundert – also nach 600 Jahren – durchsetzen können.

Doch verweilen wir noch ein wenig bei dem Drama dieses Lebens und richten unseren Blick auf den Hintergrund, der diese Geschehnisse umgreift. Die Zeit Eckharts ist die Zeit des ausgehenden Hochmittelalters, eine Zeit voller Naturkatastrophen, wo Erdbeben, Überschwemmungen und Pestepidemien die Herzen der Menschen aufwühlen und vor die Gottesfrage stellen. Es ist eine Zeit des geistigen und politischen Umbruchs, in der die vielfältigen äußeren Unruheherde (z.B. die «babylonische Gefangenschaft» der Päpste in Avignon 1309–1377) nichts anderes zu sein scheinen als Zeichen des gewaltigen inneren Umbruchs, der sich auf allen Gebieten vollzieht. Innerhalb dieses Umbruchgeschehens blüht in den Klöstern – aber auch weit darüber hinaus – das innerliche, das «mystische» Leben der «Gottesfreunde» auf, eine unerläßliche Voraussetzung dafür, daß die Verkündigung Meister Eckharts überhaupt angenommen und – im Rahmen des Möglichen – verstanden werden kann. Und doch finden wir den Meister nicht in der Zurückgezogenheit einer stillen Klosterzelle, sondern wir begegnen ihm als einem Menschen, der sich mit seinem ganzen Leben in den Brennpunkt der geistigen Bewegung gestellt weiß:

Nach den Regeln seines Ordens, der sich der Armut verpflichtet wußte – war es einem Dominikaner verboten, für seine Reisen ein Pferd oder ein Fahrzeug zu benutzen – er mußte seine Wege zu Fuß zurücklegen. Schauen wir uns daraufhin die Orte an, die uns als Marksteine seines Weges bekannt sind: Erfurt – Paris – Erfurt – Paris – Straßburg – Köln. Und versuchen wir, ihn nur auf einem kleinen Abschnitt dieses Weges in der Vorstellung zu begleiten. Da mag es uns deutlich werden, daß dieser Mann *wahrhaft in Bewegung* war. Vor seiner ersten Reise nach Paris hatte er geschrieben:

«Wer Gott recht in Wahrheit hat, der hat ihn an allen Stätten und auf der Straße und bei allen Leuten ebensogut wie in der Kirche oder in der Einöde oder in der Zelle» (T I/6). Nun muß er selbst praktizieren, was er als Regel, als Programm aufgestellt hat, sein Wort muß durch die Realität seines konkreten Lebens bestätigt werden.

– Ein Provinzial, der den Ordensauftrag bekommt, verwahrloste Konvente zu reformieren, kann *nicht ein weltabgewandtes Leben* führen, das allein der Innerlichkeit gewidmet ist. Solch eine Aufgabe ist zu allen Zeiten mit harten Auseinandersetzungen verbunden, mit heißem Ringen um einzelne Menschen und bestimmte Formen. In seinen «Reden der Unterweisung» hatte er gefordert: «Wer recht daran sein soll, bei dem muß je von zwei Dingen eins geschehen: Entweder muß er Gott *in* den Werken zu ergreifen und zu halten lernen, oder er muß alle Werke lassen. Da aber der Mensch in diesem Leben nicht ohne Tätigkeit sein kann, die nun einmal zum Menschsein gehört und deren es vielerlei gibt, darum lerne der Mensch, seinen Gott in allen Dingen zu haben und unbehindert zu bleiben in allen Werken und an allen Stätten.» (T I/7) Es muß ihm gelungen sein, sein eigenes Ziel zu verwirklichen, sonst hätte man ihn kaum so bald mit weiteren und größeren Aufgaben betraut.

– Auch auf die Lehrstelle der Pariser Universität wurde er nicht als Meditationsmeister berufen, sondern als *Streiter für die Wahrheit* mitten im geistigen Umbruchsgeschehen der Zeit. Zweierlei fällt auf, wenn wir seine Predigten vor diesem Hintergrund sehen: Einmal seine tiefe Selbstsicherheit: «Was ich euch gesagt habe, das ist wahr; dafür setze ich euch die Wahrheit zum Zeugen und meine Seele zum Pfande» (P 2).

Das andere ist die Tatsache, daß er auf alle scharfe Polemik zu verzichten vermag. Er kann sich dessen bewußt sein, daß das, was er sagt, «wider alle lebenden Meister ist», aber er braucht sie nicht durch Schmähung klein zu machen, um sich selbst auf ihren Schultern zu sonnen. Er empfängt seine Gewißheit aus einer anderen Dimension.

Was ergibt sich daraus? Aus den wenigen Marksteinen dieses Lebens leuchtet eine neue Dimension, eine neue Möglichkeit menschlichen Daseins auf, der wir in seinen Schriften und Predigten immer wieder begegnen werden:

– Wer aus den Kräften der Ewigkeit lebt, kann mitten in der Unruhe stehen und kann doch sagen: «Ein solcher Mensch sucht nicht Ruhe, denn ihn hindert keine Unruhe.» (T I/6)

– Wer aus den Kräften der Ewigkeit lebt, kann mitten in der Arbeit stehen, ohne damit seine Gottverbundenheit zu gefährden: «Soweit wir heilig sind und Sein besitzen, soweit heiligen wir alle unsere Werke,... was immer es sei.» (T I/4)

– Wer aus den Kräften der Ewigkeit lebt, kann mitten im Brennpunkt des geistigen und kirchlichen Kampfes stehen, ohne sich dadurch ablenken zu lassen von der klaren Beschränkung auf das Eine, das allein wichtig ist: Das Finden Gottes in der Seele, «ebenso strahlend und froh wie er im ewigen Leben ist.» (L II)

I. FASZINIERT VON DER GRÖSSE UND LIEBE GOTTES

Wer Gott einmal geschmeckt und gekostet hat

Ich ward einmal gefragt, woher das käme, daß guten Leuten so wohl mit Gott wäre, daß sie Gott dienten? Da antwortete ich und sprach: Es käme daher, daß sie Gott geschmeckt hätten, und es wäre ein Wunder, wenn der Seele, die Gott (nur) einmal geschmeckt und gekostet hätte, je hinfort etwas anderes schmecken könnte (P 33). [Denn] wer Gott (nur) von fern wie durch ein Vermittelndes hindurch oder in einer Wolke erkennen würde, (schon) der würde sich (selbst) um den Preis dieser ganzen Welt nicht einen Augenblick (mehr) von Gott trennen. Was glaubt ihr aber dann, wie überwältigend es ist, wenn man Gott unvermittelt schaut? (P 40)

In solche Worte muß ich mich von innen her einschwingen. Was mag ein Mensch erlebt und erfahren haben, der solches sagen kann?
Mit seinem einzigartigen Erleben sucht Meister Eckhart die Verbindung mit denen, die ähnliche Erfahrungen gemacht haben:

Ein Heiliger sagt, der Seele, die Gott geschmeckt hat, werde alles das, was Gott nicht ist, unschmackhaft oder zuwider (P 33). [Und ein anderer] Meister sagt: Wer (nur) *einmal* von der Wahrheit und von der Gerechtigkeit und von der Gutheit [d.h. von Gott selbst] berührt wird, der könnte sich niemals mehr nur einen Augenblick davon abkehren, und hinge auch alle Pein der Hölle daran (P 49).

Die Ursache *allen* Geschehens sucht Meister Eckhart nirgends anders als in Gott selbst – auch die Ursache solchen Erlebens:

Wir sollen wahrnehmen und erkennen, wie das göttliche Antlitz *göttlicher Natur aller Seelen Verlangen nach sich von Sinnen und toll macht,* um sie zu sich hin zu ziehen. Denn Gott schmeckt die göttliche Natur, das heißt die Ruhe, so wohl, und sie ist ihm so wohlgefällig, daß er sie aus sich herausgestellt hat, um aller Kreaturen natürliches Begehren zu reizen und an sich zu ziehen ... Er sucht alle Kreaturen mit sich wieder in ihren ersten Ursprung, das ist in die Ruhe, zurückzuziehen (P 45).

Obwohl man Meister Eckhart mit Recht einen der größten Mystiker der Christenheit und des Abendlandes nennen kann, grenzt er sich deutlich ab gegen alles, was manche anderen Mystiker in den Mittelpunkt ihrer Aussagen stellen: Niemals erzählt er etwas von außerordentlichen «mystischen» Phänomenen, wie Ekstasen, Auditionen oder Visionen. Nicht darin liegt das Wesen der Mystik. Meister Eckharts Art der Gotteserfahrung liegt jenseits dieser Form des Wissens um göttliche Dinge:

Zweierlei Wissen gibt es in diesem Leben vom ewigen Leben. Das eine kommt daher, daß Gott selber es dem Menschen sage oder es ihm durch einen Engel entbiete oder durch eine besondere

Erleuchtung offenbare. Dies (jedoch) geschieht selten und nur wenigen Menschen.
Das andere Wissen ist ungleich besser und nützer und wird allen vollkommenen liebenden Menschen oft zuteil: das beruht darauf, daß der Mensch aus Liebe und vertraulichem Umgang, den er mit seinem Gott hat, ihm so völlig vertraut und seiner so sicher ist, daß er nicht zweifeln könne, und er dadurch so sicher wird, weil er ihn unterschiedslos in allen Kreaturen liebt. Und widersagten ihm alle Kreaturen,... ja, versagte sich ihm Gott selber, er würde nicht mißtrauen, denn die Liebe *kann* nicht mißtrauen ... Und es bedarf dessen nicht, daß man den Liebenden und den Geliebten irgend etwas (ausdrücklich) sage, denn damit, daß er empfindet, daß er sein Freund ist, weiß er zugleich alles das, was ihm gut ist und zu seiner Seligkeit gehört ... Diese Gewißheit ist weit größer, vollständiger und echter als die erste, und sie kann nicht trügen. Die Eingebung hingegen könnte trügen, und es könnte leicht eine falsche Erleuchtung sein. *Diese* Gewißheit aber empfindet man in allen Kräften der Seele, und sie *kann* nicht trügen in denen, die Gott wahrhaft lieben; die zweifeln daran so wenig, wie ein solcher Mensch an Gott (selber) zweifelt, denn Liebe vertreibt alle Furcht (T I/15)

Was aber kann uns Meister Eckhart aus dieser Gewißheit heraus über das Geheimnis Gottes sagen?

Der Mensch kann Gott niemals erfassen im Meer seiner Unergründlichkeit

Gott ist unbegreiflich viel größer und tiefer, als es sich ein Mensch je vorzustellen vermag:

Alle Kreaturen, die Gott je erschuf oder erschaffen könnte, wenn er wollte, das alles ist «ein weniges oder ein kleines» gegen Gott. Der Himmel ist so groß und so weit, daß ihr's nicht glauben würdet, wenn ich's euch sagte. Nähme man eine Nadel und berührte mit deren Spitze den Himmel, so wäre das, was die Spitze der Nadel vom Himmel erfaßte, größer im Vergleich zum Himmel und dieser ganzen Welt, als der Himmel und die ganze Welt Gott gegenüber ist (P 40).

In dieser Größe ist Gott erhaben über alles, was der Mensch denken, nennen oder sich vorstellen kann:

Gott ist weder dies noch das. Und ein Meister sagt: Wer da glaubt, daß er Gott erkannt habe, und dabei irgend etwas erkennen würde, der erkennte Gott nicht. Wenn ich aber gesagt habe, Gott sei kein Sein und sei *über* dem Sein, so habe ich ihm damit nicht das Sein abgesprochen, vielmehr habe ich es in ihm erhöht (P 10).

Ein wenig jedoch vermag die Vernunft des Menschen in das Unvorstellbare vorzudringen, indem sie durch alle Vorstellungen «hindurchbricht» und Gott in seiner «Namenlosigkeit», das heißt aber, in seiner Unnennbarkeit, erfaßt:

Gott ist namenlos. Hätte [man] ihm (einen) Namen geben sollen, so hätte man sich dabei etwas

(Bestimmtes) denken müssen. Gott aber ist über alle Namen, niemand kann so weit kommen, Gott aussprechen zu können (P 37). [Denn] das, worin die Seele Gott ausspricht, birgt doch in sich nichts von der eigentlichen Wahrheit seines Seins; es *kann* von Gott niemand das im eigentlichen Sinne aussagen, was er ist ... Alle Kreaturen (zusammen) vermögen Gott nicht auszudrücken, denn sie sind für das, was er ist, nicht aufnahmefähig ... Sankt Augustinus sagt: Was man von Gott aussagt, das ist nicht wahr; wa man aber von ihm *nicht* aussagt, das ist wahr. Wovon immer man sagt, daß Gott es sei, das ist er nicht; was man *nicht* von ihm aussagt, das ist er eigentlicher als das, von dem man sagt, daß er es sei (P 20). [Deshalb] kann die Vernunft Gott niemals erfassen im Meer seiner Unergründlichkeit (P 8). Daher sagt Sankt Augustinus: Das Schönste, was der Mensch über Gott auszusagen vermag, besteht darin, daß er aus der Weisheit des inneren Reichtums schweigen könne (P 42).

Deshalb haben die Menschen seit eh' und je immer wieder von Gott gesprochen als von dem «Unendlichen», dem «Unbegreiflichen», dem «Unfaßbaren». Nach diesem allerletzten aber begehrt der Mensch im tiefsten Grund seines Daseins:

Das Begehren reicht weiter als alles, was man mit der Erkenntnis zu begreifen vermag ... Das Begehren ist weit, unermeßlich weit. Alles aber, was das Erkennen zu begreifen und alles, was das Begehren zu begehren vermag, das ist nicht Gott. Wo der Verstand und das Begehren enden, da ist es finster, da (aber) *leuchtet* Gott (P 39).

Obwohl Meister Eckhart wie kaum ein anderer um diese Unfaßbarkeit Gottes weiß, ist er sich doch dessen bewußt, daß der Mensch gar nicht anders kann, als in Bildern und Gleichnissen von Gott zu reden. Vor dem Hintergrund der alles Sagbare übersteigenden Transzendenz Gottes kann dem Menschen sogar *jede* Kreatur, – alles, was ihm begegnet und ihn umgibt – Hinweis auf Gott sein:

Die Natur lehrt es, und es dünkt mich durchaus billig, daß man Gott mit Gleichnissen verdeutlichen muß

Könnte die Seele ... Gott erkennen ohne die Welt, so wäre die Welt nie um ihretwillen geschaffen worden. Die Welt ist um ihretwillen zu dem Ende gemacht worden, daß der Seele Auge geübt und gestärkt werde, auf daß sie das göttliche Licht aushalten könne ... [Denn] das göttliche Licht (ist) so überstark und hell, daß der Seele Auge es nicht aushalten könnte, ohne daß es (= der Seele Auge) durch die Materie und durch Gleichnisse gekräftigt und emporgetragen und so geleitet und eingewöhnt würde in das göttliche Licht (P 30).

Das ist nur deshalb möglich, weil Gottes Gleichnis in *allem* Geschaffenen liegt:

Sankt Augustinus sagt: Gott hat alle Dinge geschaffen, nicht, daß er sie werden ließ und dann seines Weges gegangen wäre, sondern: er ist in ihnen geblieben (P 43). [Denn] der Mensch könne nimmer an irgendeiner Kreatur Freude oder Wohlgefallen haben, wenn nicht Gottes Gleichnis darin wäre (P 45). [Denn] Gott ist in allen

Kreaturen gleich «nahe». Der weise Mann sagt: Gott hat seine Netze und Stricke über alle Kreaturen ausgespreitet (vgl. Ez 12,13), so daß man ihn in einer jeglichen finden und erkennen kann, wenn man's nur wahrnehmen *will*. Ein Meister sagt: *Der erkennt* Gott recht, der ihn in *allen* Dingen gleicherweise erkennt (P 36).

Von einem Menschen, der diese Kunst beherrschte, kann Meister Eckhart, in seiner Weise, alles Aussagbare bis an die letzte Spitze des Möglichen vorzutreiben (vgl. S. 14), sagen:

Wer weiter nichts als die Kreaturen erkennen würde, der brauchte an keine Predigt zu denken, denn jegliche Kreatur ist Gottes voll und ist ein Buch (P 10).

Wenn man nun Gott in allen Kreaturen spüren und erkennen kann – und wenn er sich gleichzeitig jeder Festlegung durch einen «Namen» entzieht, ist es dann dem Menschen überhaupt noch möglich, etwas Bestimmtes und Positives über Gott auszusagen? Was Meister Eckhart als Philosoph konsequenterweise vielleicht verneinen müßte, kann und will er als Christ aus seiner Verkündigung nicht ausklammern: Seine positiven Aussagen über Gottes innerstes Wesen sind keineswegs schüchterne Zugeständnisse, kein notwendiger Tribut, den er den christlichen Voraussetzungen seiner Hörerinnen zahlen müßte, sondern man hört sein innerstes Herz schlagen, wenn er über «seinen geliebten Gott» spricht. Er kennt ihn ja «aus Liebe und vertraulichem Umgang» (S. 26) und hat es erfahren, daß dieser Gott ihn in seinem Verlangen nach sich «von Sinnen und toll» (S. 25) gemacht hat. Zwei Geheimnisse sind es vor allem anderen, um die das Denken und Meditieren Meister Eckharts in immer neuen Varianten kreist: Einmal das Geheimnis des Einsseins Gottes, dieses alles Vorstellbare überbietenden Einsseins, in dem alles Unterschiedene geeint ist – und zum anderen das Geheimnis der Liebe Gottes, von dem die ganze Schrift zeugt: daß es das innerste Wesen Gottes ausmacht, schenken zu müssen – nicht irgendwelche Gaben, sondern letztlich immer sich selbst.

Daß Gott eins ist, dies ist das Allerbeste, und ich habe mich darein vernarrt

Die Natur lehrt es, und es dünkt mich durchaus billig, daß man Gott mit Gleichnissen verdeutlichen muß, mit diesem oder jenem. Dennoch ist er weder dies noch das, und so läßt sich der Vater nicht daran genügen, vielmehr zieht er sich wieder in den Ursprung, in das Innerste, in den Grund und in den Kern des Vaterseins, wo er ewiglich innen gewesen ist in sich selbst in der Vaterschaft, und wo er sich selbst genießt, der Vater als Vater sich selbst im einigen Einen. Hier sind alle Grasblättlein und Holz und Stein und alle Dinge Eines. Dies ist das Allerbeste, und ich habe mich darein vernarrt (P 24).
«*Ein* Gott»: darin, daß Gott Eins ist, ist Gottes Gottheit vollendet ... Gottes Reichtum und Weisheit und Wahrheit sind ganz und gar Eins in Gott; es ist nicht nur Eins, es ist Einheit. Gott hat alles, was er hat, im Einen, es ist Eins in ihm ... Gott hat alle Fülle als Eins, und Gottes Natur hängt daran, und es ist der Seele Seligkeit, daß Gott Eins ist ... Es ist der Seele Ehre und

Zier, daß Gott Eins ist. Gott tut so, als sei er (nur) deshalb Eins, damit er der Seele gefalle, und als schmücke er sich zu dem Ende, daß er die Seele nur in sich vernarrt mache. Darum will der Mensch bald eines, bald ein anderes; bald übt er sich in der Weisheit, bald in der Kunst. Weil sie das *Eine* nicht besitzt, darum kommt die Seele nimmer zur Ruhe, bis alles Eins in Gott wird. Gott ist Eins; *dies* ist der Seele Seligkeit und ihre Zier und ihre Ruhe (P 22).

In dieser letzten Einheit steht Gott jenseits alles dessen, was Unterschied in sich trägt:

Gott ist Eins und wandelt sich nicht. Alles, was Gott je erschuf, das schuf er als dem Wandel unterworfen (P 22).

So wirkt Gott weder in der Zeit mit ihrem Vorher und Nachher noch an irgendeiner bestimmten Stätte hier oder dort. Verzichtet also Gott auf jedes Wirken in unserer Zeitlichkeit? Im Gegenteil: Was Gott zu einer Zeit wirkt, das bleibt ständige Gegenwart – was Gott an einem Ort getan hat, ist überall gegenwärtig:

Nehme ich aber das *Nun*, so begreift das *alle* Zeit in sich (P 10). [Denn] die Zeit, die da vergangen ist vor tausend Jahren, die ist Gott jetzt ebenso gegenwärtig und ebenso nahe wie die Zeit, die jetzt ist (P 11).

Das gleiche gilt für *alles* Unterschiedene:

Was Sein hat, Zeit oder Statt, das rührt nicht an Gott; er ist darüber (P 10).

Doch dieses Einssein Gottes ist nur die eine Seite seines Wesens. Nicht trennen davon kann man die andere Seite: Daß Gottes innerstes Wesen die Güte («Gutheit») und die Liebe ist:

Gottes Sein ist seine Gutheit, und seine Gutheit ist seine Liebe

Das «Haus Gottes» ist die Einheit seines Seins! … Dort sitzt er in seinem Eigensten, in seinem *esse*, ganz in sich, nirgends außerhalb seiner. Aber da, wo er schmilzt, da schmilzt er aus. Sein Ausschmelzen ist seine Gutheit (P 19). Was ist gut? Das ist gut, das sich mitteilt. Den nennen wir einen guten Menschen, der sich mitteilt und nützlich ist. Darum sagt ein heidnischer Meister: Ein Einsiedler ist weder gut noch böse in diesem Sinne, weil er sich nicht mitteilt noch nützlich ist. Gott ist das Allermitteilsamste (P 10).

Weil aber Gott Eins ist und alles Unterschiedene in ihm keinen Platz hat, deshalb kann er nicht kleinere oder größere Gaben geben:

Nur was das Allerbeste und Allerhöchste ist, das sind eigentliche Gaben und im allereigensten Sinne. Gott gibt nichts so gern wie große Gaben. Ich sagte einst an dieser Stätte, daß Gott sogar lieber große Sünden vergibt als kleine. Und je größer sie sind, um so lieber und schneller vergibt er sie. Und ganz so steht es mit der Gnade und Gabe und Tugend: je größer sie sind, um so lieber gibt er sie; denn seine Natur hängt daran, daß er große Dinge gebe (P 4). [Denn] was Gott gegeben hat und was Gott zu geben gelobte, das ist gar wunderlich und ist unbegreiflich und unglaublich. Und dem ist recht so; denn, wäre es begreiflich und glaubhaft, so stünde es nicht recht darum (P 43).

Obwohl Gottes innerstes Wesen darin besteht, zu geben, hätte er es doch niemals nötig, dem Menschen irgend etwas zu geben:

Gott sucht das Seine nicht; in allen seinen Werken ist er ledig und frei und wirkt sie aus echter Liebe ... Denn [auch wenn Menschen] alles, was sie besitzen, und alles, was sie zu wirken vermögen, um Gottes willen [hingäben] und wirkten sich um Gottes willen gänzlich aus, so wäre ihnen Gott dafür ganz und gar nichts zu geben oder zu tun schuldig, es sei denn, daß er es freiwillig umsonst tun wolle. Denn, was sie sind, das sind sie durch Gott, und was sie haben, das haben sie von Gott und nicht von sich selbst. Darum ist ihnen Gott für ihre Werke und für ihr Geben gar nichts schuldig, es sei denn, er wolle es freiwillig tun aus seiner Gnade und nicht um ihrer Werke noch um ihrer Gaben willen (P 1).

Gott ist es so not, dir zu geben, daß er es nicht erwarten kann, sich selbst dir als Erstes zu geben

Gott gibt keine Gabe und hat noch nie eine gegeben, auf daß man die Gabe besitze und bei ihr ausruhe. Alle Gaben vielmehr, die er je im Himmel und auf Erden gegeben hat, die gab er alle nur zu dem Ende, daß er *eine* Gabe geben könne: die ist er selber. Mit allen jenen Gaben will er uns nur bereiten zu der Gabe, die er selber ist (T I/21)

Weil nun aber Gott nichts anderes geben kann als das Größte, nämlich sich selbst – muß Meister Eckhart ein Bild suchen, das im menschlichen Bereich dem Gemeinten am nächsten kommt. Wenn Menschen jemandem etwas geben, dann gibt es verschiedene Möglichkeiten, etwas vom Eigenen, etwas von sich selbst in das Geschenk hineinzugeben. Solch abgestuftes Maß gibt es für Gott nicht. Das Bild, das im menschlichen Bereich am meisten davon aussagt, daß ein Mensch in eine Gabe sich selbst hineingeben kann, ist das Bild der Geburt: Wenn eine Mutter ihrem Kind das Leben schenkt, dann schenkt sie sich selbst in das Leben dieses Kindes hinein. Ein höheres Sichverschenken gibt es im menschlichen Bereich nicht. Damit findet Meister Eckhart das zentrale Bild seiner Verkündigung, das Bild der «Gottesgeburt» (bzw. der «Christusgeburt» vgl. S. 50) in der menschlichen Seele:

Wenn du den Vater, das heißt Gott allein suchst, so findest du zugleich mit Gott alles, was er zu bieten vermag. Es ist eine gewisse Wahrheit und eine notwendige Wahrheit und ist eine verbriefte Wahrheit, und wäre es nicht geschrieben, so wäre es gleichviel wahr: Wenn Gott noch mehr hätte, er könnte es dir nicht verbergen, er müßte es dir (vielmehr) offenbaren, und er gibt es dir; und ich habe zuweilen gesagt: Er gibt dir's und gibt dir's in Geburtsweise (P 49). [Denn] Gottes höchstes Streben ist: gebären. Ihm genügt es nimmer, er gebäre denn seinen Sohn in uns (P 12).

Indem sich Gott selbst in solchem «Gebären» in uns hineingibt, gibt er uns sich selbst und damit alles:

Seid des gewiß, daß Gott es nicht unterläßt, uns alles zu geben; und hätte er's abgeschworen, er könnte doch nicht umhin, uns geben zu müssen. Ihm ist viel nötiger, uns zu geben, als uns zu empfangen; wir dürfen es aber nicht darauf absehen; denn, je weniger wir danach streben und begehren, um so mehr gibt Gott. Damit aber zielt Gott auf nichts anderes als darauf, daß wir um so reicher werden und um so mehr empfangen können (P46).

Am Schluß dieser Predigt läßt uns Meister Eckhart ein wenig «hineinlugen» in seinen eigenen Umgang mit seinem geliebten Gott im Gebet:

Ich pflege manchmal, wenn ich beten soll, ein Wörtlein zu sprechen und sage dann: Herr, dies ist doch so gering, um das wir dich bitten! Wenn mich jemand darum bäte, so täte ich's ihm, und dir fällt es (doch) hundertmal leichter als mir, und du tätest es auch lieber. Und wär's, daß wir dich um etwas Bedeutenderes bäten, so fiele es dir leicht, es zu geben; und je größer es ist, um so lieber gibst du es (P46).

Gott hat nur eine Liebe, mit der gleichen Liebe, mit der der Vater seinen eingeborenen Sohn liebt, mit der liebt er mich

Hinter jeder Zuwendung Gottes, in jeder seiner Gaben, liegt seine ganze Liebe. Und diese Liebe Gottes meint immer mich – ganz persönlich und unaustauschbar. Einzigartige Worte hat Meister Eckhart für diese Erfahrung gefunden:

Sankt Paulus spricht: Wir werden überformt in der Liebe (vgl. 2 Kor 3, 18; Kol 2, 2). Merkt (noch einmal) auf dies Wort: «Gott liebt». Welch Wunder! *Was* ist Gottes Liebe? Seine Natur und sein Sein: *das* ist seine Liebe. Wer Gott dessen beraubte, daß er uns liebt, der raubte ihm sein Sein und seine Gottheit, denn sein Sein hängt daran, daß er mich liebt ... Bei Gott! Was für ein Wunder ist das? ... Gott hat nur *eine* Liebe: mit eben dieser gleichen Liebe, mit der der Vater seinen eingeborenen Sohn liebt, mit der liebt er mich (P 46).
Gott drängt es so heftig zu uns, und er eilt so sehr und tut gerade so, als ob ihm sein göttliches Sein zerbrechen und in sich selbst zunichte werden wolle, auf daß er uns den ganzen Abgrund seiner Gottheit und die Fülle seines Seins und seiner Natur offenbare (P 13). Denn, so sehr du ihm auch zugetan sein magst, des sei gewiß, daß er dir über die Maßen mehr und stärker zugetan ist und dir ungleich mehr vertraut. Denn er ist die Treue selber, des soll man bei ihm gewiß sein und sind auch alle die gewiß, die ihn lieben (T I/15).

Wer solche Worte für die Liebe Gottes findet, der spürt, daß alles Aussagbare weit hinter der Wirklichkeit zurückbleibt – er gerät in ein hymnisches Stammeln, wenn man so sagen darf:

Gott ist in seine Liebe zu uns so vertört, recht als habe er Himmelreich und Erdreich und alle seine Seligkeit und alle seine Gottheit vergessen und habe mit nichts zu tun als einzig mit mir, auf daß er mir alles gebe, was mich zu trösten vermöge (P 41).

So kann Meister Eckhart alles, was Gott je getan hat, was er tut und tun wird, unter dem einen Blickpunkt sehen: Gott ist barmherzig:

Das *höchste* Werk Gottes aber ist Barmherzigkeit, und es bedeutet, daß Gott die Seele in das Höchste und Lauterste versetzt, das sie zu empfangen vermag: in die Weite, in das Meer, in ein unergründliches Meer; dort wirkt Gott Barmherzigkeit (P 8).

Und er zieht daraus die Folgerung:

Da nun Gott die Seele so stark liebt, so muß die Seele etwas ebenso Großes sein (P 40).
Die Seele ist in ihrem Geringsten wertvoller als der Himmel und alle Kreaturen (P 9).

II. FASZINIERT VOM GEHEIMNIS DES MENSCHEN

Da nun Gott die Seele so stark liebt, so muß die Seele etwas ebenso Großes sein

In einem unveröffentlichten Tagebuch fand ich folgende Eintragung: «An diesem Tag war mir Gott so nahe, und mein Glück war so tief, daß sich um dieses einen Tages willen mein ganzes Leben mit allen seinen Dunkelheiten gelohnt hätte – selbst dann, wenn es keine ewige Seligkeit gäbe». Was für ein Erleben mag hinter solch einem Satz stehen? Bei Meister Eckhart finden sich ganz ähnliche Sätze:

Besäße ein Mensch ein ganzes Königreich oder alles Gut der Erde und gäbe das lauterlich um Gottes willen hin und würde der ärmsten Menschen einer, der irgendwo auf Erden lebt, und gäbe ihm dann Gott so viel zu leiden, wie er je einem Menschen gab, und litte er alles dies bis an seinen Tod und ließe ihn dann Gott einmal nur mit einem Blick schauen, wie er ist: – seine Freude würde so groß, daß es an allem diesem Leiden und an dieser Armut immer noch zu wenig gewesen wäre. Ja, selbst wenn Got ihm nachher nimmermehr das Himmelreich gäbe, er hätte dennoch allzu großen Lohn empfangen für alles, was er je erlitt (P 2).

Man spürt förmlich, wie hier mit der Unzulänglichkeit der Sprache gerungen wird, um auf etwas hinzuweisen, das sich eigentlich dem Sagbaren entzieht (vgl. S. 14f).

Aber ein Meister Eckhart bleibt nicht stehen bei dem tiefen Glück, das aus solchen Erfahrungen fließt. Das Prinzip seines Lebens hat er einmal in folgenden Sätzen ausgesprochen:

Warum werden wir denn nicht weise? Da gehört viel dazu. Das Wichtigste ist, daß der Mensch durch alle Dinge hindurch – und über alle Dinge und aller Dinge Ursache hinausgehen muß (P 11).

Wie Eckhart bei seinem Fragen nach Gott durch alle Bilder und Namen hindurchstößt, um zum Ursprung zu finden, so fragt er auch hier mit seinem Willen zur letzten Konsequenz: Wer bin ich kleiner Mensch eigentlich, daß ich fähig bin, solches zu erleben? Er fragt weiter: Wer ist der Mensch überhaupt, der zu solchem Erleben fähig ist? Keine Pflanze, kein Tier kann so etwas erfahren, allein der Mensch! Wo liegt das Geheimnis des Menschen, der in einem kurzen Augenblick solches Glück erfahren kann, daß alles Menschenleid diese Freude nicht aufzuwiegen vermag?
Immer neu meditiert er die Frage nach dem Geheimnis des Menschen, nach dem Geheimnis der menschlichen «Seele», wie er es nennt. Was ihm aber dabei aufgeht, ist letzten Endes ebenso schwer in Worte zu fassen, wie es kaum möglich ist, in Worten etwas vom innersten Geheimnis Gottes auszusagen:

Zu begreifen, was die menschliche Seele sei, dazu gehört übernatürliches Wissen

Ein Meister, der am allerbesten von der Seele gesprochen hat, sagt, daß das gesamte menschliche Wissen niemals darein eindringt, was die Seele in ihrem Grunde sei. (Zu begreifen,) was

die Seele sei, dazu gehört übernatürliches Wissen (P 8).
Wer die Seele nach der Einfaltigkeit und Lauterkeit und Bloßheit, wie sie in sich selbst ist, benennen soll, der kann keinen Namen für sie finden ... Gott, der ohne Namen ist – er hat keinen Namen –, ist unaussprechlich, und die Seele ist in ihrem Grunde ebenfalls unaussprechlich, so wie er unaussprechlich ist (P 17).

Doch ein Meister Eckhart *muß* dem Unaussprechlichen nachsinnen, *muß* versuchen, das Erfahrene ins Wort zu bringen (vgl. S. 13). Meditierend umkreist er, was sich ihm dabei eröffnet:

Gott hat aller Dinge Urbilder in die Seele des Menschen eingebildet

Es gehört zum Geheimnis des Menschen, daß er in seinem Innersten, in seiner «Seele», fähig ist, die ganze Welt in ihrer Fülle in sich einzulassen und in sich aufzunehmen:

[Das Innerste der Seele] ist Gott so verwandt, daß es ein einiges Eines ist, unterschiedslos, das (doch) die Urbilder aller Kreaturen in sich trägt, bildlose und überbildliche Urbilder (P 23).

Nur dadurch vermag der Mensch die Welt zu erkennen, daß in ihm selbst, in der Tiefe seines Wesens, etwas mitschwingt, wenn er einer Schöpfungswirklichkeit begegnet. Im Bild einer Schale kann ich mir zum Beispiel meines eigenen Geöffnetseins – als Wirklichkeit oder als Sehnsucht – bewußt werden. Daß die menschliche Seele «ein Kosmos im Kleinen» ist, brauchen wir uns nicht erst von der fernöstlichen Meditation sagen zu lassen. Meister Eckhart vergleicht die Seele mit einem Spiegel:

An einem Spiegel könnt ihr das beobachten: Hältst du den vor dich, so erscheint dein Bild im Spiegel. Das Auge und die Seele aber sind ein solcher Spiegel, so daß alles das darin erscheint, was vor ihn gehalten wird (P 40). Die Seele hat die Möglichkeit in sich, daß aller Dinge Bilder in sie eingeprägt werden (P 17).

Doch unendlich viel wichtiger als diese Fähigkeit der menschlichen Seele, aller Dinge Urbilder in sich Gestalt werden zu lassen, ist für diesen christlichen Meister und Lehrer ein anderes: Daß der Mensch fähig ist, Gott selbst in sich aufzunehmen:

Gott selbst ist nirgends so eigentlich wie in der menschlichen Seele

Es macht das tiefste Geheimnis des Menschen aus, daß er fähig ist, Gott selbst in sich zu fassen – diese Möglichkeit ist in der «Weite» der menschlichen Seele begründet:

Wisset: Es ist eine Kraft in der Seele, die ist weiter als der weite Himmel, der da unglaublich weit ist, so weit, daß man's nicht recht auszusprechen vermag; – jene Kraft aber ist noch viel weiter (P 39).

In dieser Kraft hat die menschliche Seele das Vermögen, nicht nur alles Geschaffene, sondern Gott selbst aufzunehmen:

Da nun die Seele ein Vermögen hat, alle Dinge zu erkennen, deshalb ruht sie nimmer, bis sie in das erste Bild kommt, wo alle Dinge eins sind, und dort kommt sie zur Ruhe, das heißt: in Gott (P 3). [Denn] die oberste Kraft der Seele [strebt danach, daß sie] nicht weniger als Gott selbst in der Weite und Fülle seines Seins aufnimmt (T II/2).

Dafür hat Gott die Seele eigens geschaffen:

Als Gott alle Kreaturen erschaffen hatte, waren sie so geringwertig und so eng, daß er sich in ihnen nicht regen konnte. Die Seele jedoch machte er sich so gleich und so ebenbildlich, auf daß er sich der Seele geben könne; denn was er ihr sonst gäbe, das achtet sie für nichts (P 4). [Denn] Gott ist [zwar] in allen Dingen wesenhaft, wirkend, gewaltig. *Gebärend* aber ist er nur in der *Seele*, denn *alle* Kreaturen sind ein Fußstapfe Gottes, die Seele aber ist naturhaft nach Gott gebildet. Dieses Bild muß durch [die Gottesgeburt] geziert und vollendet werden. Für dieses Wirken und diese Geburt ist keine Kreatur empfänglich als einzig die Seele (P 58). Gott geht hier in die Seele ein mit seiner Ganzheit, nicht mit einem Teile; Gott geht hier ein in den *Grund* der Seele. Niemand berührt den Grund in der Seele als Gott allein (P 57).

Es muß wahrhaft etwas Großes um das Geheimnis des Menschen sein, daß Gott so unmittelbar in ihn eingehen kann!
Worin aber ist diese Gottfähigkeit des Menschen begründet, wo liegt die Ursache dieser Möglichkeit?

Nirgends anders als im christlichen Glauben ist Meister Eckharts Lehre verwurzelt, im Glauben an die Offenbarung, in der sich Gott als Vater, Sohn und Heiliger Geist offenbart hat. Bis in die Formulierungen hinein ist bei Meister Eckhart dieser trinitarische Grundansatz spürbar – selbst dort, wo man sich erst in seine Terminologie hineinhören muß, um ihn zu erkennen. Daß der Mensch als «Bild Gottes» geschaffen wurde, daß er durch die Menschwerdung Christi die Möglichkeit bekommen hat, «dem Ebenbild des Sohnes gleichgestaltet zu werden» (Röm 8,29) und daß er durch die Gaben des Heiligen Geistes in die Liebe hineingezogen wird, die Gott selbst ist, – das sind grundlegende biblische Aussagen. Wer Meister Eckhart losgelöst von diesem Grund deuten möchte, muß grundlegende Aussagen seiner Lehre streichen.

Vernehmt mit Staunen: Gott hat die Seele mit dem Bild seiner selbst ausgezeichnet

Das Geheimnis, daß der Mensch Gottes teilhaft werden kann, ist zuerst darin begründet, daß er als Ebenbild Gottes erschaffen ist:

[Der] Tempel, darin Gott gewaltig herrschen will nach seinem Willen, das ist des Menschen Seele, die er so recht als ihm selbst gleich gebildet und geschaffen hat, wie wir lesen, daß unser Herr sprach: «Machen wir den Menschen nach unserm Bilde und zu unserm Gleichnis!» (Gen 1,26). Und dies hat er auch getan. So gleich ihm selber hat er des Menschen Seele gemacht, daß im Himmelreich noch auf Erden unter allen herrlichen Kreaturen, die Gott so wundervoll geschaffen hat, keine ist, die ihm so gleicht, wie einzig des Menschen Seele (P 1).

So ist des Menschen Seele in der letzten Tiefe, in ihrem Innersten, wo man ihr keinen Namen mehr geben kann, Gottes Bild. Dieses Vorrecht hat allein der Mensch vor allen anderen Geschöpfen Gottes. Nun muß man sich deutlich machen: Wenn Meister Eckhart vom «Bild» spricht, so hat er damit nicht ein gemaltes Bild vor Augen, das – nachdem es entstanden ist – unabhängig von seinem Urbild existiert. Er hat immer ein Bild vor Augen, wie es als Spiegelbild einer Wirklichkeit im Wasser oder im Spiegel erscheint. Dieses Abbild existiert nur in Gegenwart seines Urbildes:

Gottes Natur ist es, daß er sich einer jeglichen guten Seele gibt, und der Seele Natur ist es, daß sie Gott aufnimmt; und dies kann man in bezug auf das Edelste sagen, das die Seele aufzuweisen vermag. Darin trägt die Seele das göttliche Bild und ist Gott gleich ... Jedoch ist Gott auf viel edlere Weise in dem Bilde, als das Bild in Gott ist ... Dies ist ein natürliches Bild Gottes, das Gott in alle Seelen naturhaft eingedrückt hat. Mehr vermag ich nun dem Bilde nicht zu geben; gäbe ich ihm aber irgend etwas mehr, so müßte es Gott selbst sein; dem aber ist nicht so, denn dann wäre Gott nicht Gott (P 16).

Was aber ist dieses «Bild Gottes», dieses «Edelste der Seele», mit dem der Mensch Gott aufnehmen kann? Meister Eckhart setzt es nicht mit der menschlichen Seele schlechthin gleich, sondern immer neu weist er darauf hin, daß es ein «Innerstes» und ein «Höchstes» in dieser Seele gibt – und daß es letztlich *dieses* ist, wo der Mensch wahrhaft Bild Gottes sein kann:

Gott ist nirgends so eigentlich wie in der Seele. Im Innersten der Seele und im Höchsten der

Seele. Und wenn ich sage «das Innerste», so meine ich das Höchste; und wenn ich sage «das Höchste», so meine ich das Innerste der Seele. Im Innersten und im Höchsten der Seele: ich meine sie (dort) beide als in Einem (P 43).

Dieses «Innerste» in der Seele zu beschreiben, darum bemüht sich Eckhart in immer neuen Versuchen:

Das Fünklein der Seele widersagt allen Kreaturen und will nichts als Gott, unverhüllt, wie er in sich selbst ist

Ich habe bisweilen gesagt, [das Innerste der Seele] sei eine Kraft im Geiste, die sei allein frei. Bisweilen habe ich gesagt, es sei eine Hut des Geistes; bisweilen habe ich gesagt, es sei ein Licht des Geistes; bisweilen habe ich gesagt, es sei ein Fünklein. Nun aber sage ich: Es ist weder dies noch das; trotzdem ist es ein Etwas, das ist erhabener über dies und das als der Himmel über der Erde. Darum benenne ich es nun auf eine edlere Weise, als ich es je benannte, und doch spottet es sowohl solcher Edelkeit wie der Weise und ist darüber erhaben. Es ist von allen Namen frei und aller Formen bloß, ganz ledig und frei, wie Gott ledig und frei ist in sich selbst. Es ist so völlig eins und einfaltig, wie Gott eins und einfaltig ist (P 2).

[Doch] so, wie es dem Auge eigen ist, Gestalten und Farben zu sehen, und es dem Ohre eigen ist, süße Laute und Stimmen zu hören, so ist es der Seele eigen, mit dieser Kraft unablässig aufzustreben (P 30).

Um dieses Aufstrebens willen kehrt aber Eckhart immer wieder zurück zum Bild des Fünkleins:

Das Fünklein der Seele ist geschaffen von Gott und ein Licht, von oben her eingedrückt, und es ist ein Bild göttlicher Natur, das allwegs allem dem widerstreitet, das nicht göttlich ist ... und ist allwegs geneigt zum Guten ... Es hat zwei Betätigungen. Die eine ist verbissene Abwehr gegenüber allem, was nicht lauter ist. Die andere Betätigung ist die, daß es beständig zum Guten lockt (P 20). Dieser Funke widersagt allen Kreaturen und will nichts als Gott, unverhüllt, wie er in sich selbst ist (P 34) ... Ich sage bei der ewigen und bei der immerwährenden Wahrheit, daß es diesem Lichte nicht genügt an dem einfaltigen, stillstehenden göttlichen Sein, das weder gibt noch nimmt: es will (vielmehr) wissen, woher dieses Sein kommt, es will in den einfaltigen Grund, in die stille Wüste, in die nie Unterschiedenheit hineinlugte (P 34).

Mit dogmatischen Maßstäben kann man solche Liebeshymnen nicht messen. In solcher Weise kann nur jemand sprechen, der aus liebendem Verlangen «wie von Sinnen und toll» ist. Sie zeugen von einer Tiefe der Sehnsucht, nach dem Aller- Allerletzten, vor dem man nur still werden kann.
Ähnlich ist es mit folgenden Sätzen:

Eine Kraft gibt es [im Innern des Menschen], die ... ist ganz und gar geistig. In dieser Kraft ist Gott ohne Unterlaß glimmend und brennend mit all seinem Reichtum, mit all seiner Süßigkeit und mit all seiner Wonne. Wahrlich, in dieser

Kraft ist so große Freude und so große, unermeßliche Wonne, daß es niemand erschöpfend auszusagen vermag (P 2). In dieser Kraft wird Gott in der Seele ergriffen, soweit es (überhaupt) der Kreatur möglich ist (P 30).

Doch der Mensch ist nicht nur als Ebenbild Gottes geschaffen, sondern von Ewigkeit her durch die Menschwerdung Gottes in Jesus Christus erlöst. Das ist der weitere Grund für die Gottfähigkeit des Menschen:

Das allergrößte Heil, das Gott dem Menschen je zuteil werden ließ, das war, daß er Mensch ward

Das Geheimnis, daß der Mensch Gottes teilhaft werden kann, ist zweitens darin begründet, daß Gott «menschliche Natur», menschliches Dasein annahm:

Wenn ... irgendwo ein reicher König wäre, der eine schöne Tochter hätte: gäbe er die dem Sohne eines armen Mannes, so würden alle, die zu dem Geschlecht gehörten, dadurch erhöht und geadelt. Nun sagt ein Meister: Gott ist Mensch geworden, dadurch ist erhöht und geadelt das ganze Menschengeschlecht ... Dieser Meister hat recht gesprochen; aber wahrlich, ich gäbe nicht viel darum. Was hülfe es mir, wenn ich einen Bruder hätte, der da ein reicher Mann wäre und ich wäre dabei ein armer Mann? Was hülfe es mir, hätte ich einen Bruder, der da ein weiser Mann wäre, und ich wäre dabei ein Tor?
Ich sage etwas anderes und Eindringenderes: Gott ist nicht nur Mensch geworden, vielmehr: er hat die menschliche Natur angenommen.

Die Meister sagen gemeinhin, alle Menschen seien in ihrer Natur gleich edel. Ich aber sage wahrheitsgemäß: All das Gute, das alle Heiligen besessen haben und Maria, Gottes Mutter, und Christus nach seiner Menschheit, das ist *mein* Eigen in dieser Natur (P 6). Und so ist unsere menschliche Natur unermeßlich erhöht dadurch, daß der Höchste gekommen ist und die Menschennatur an sich genommen hat (P 5).

Vermutlich liegt in diesen Gedankengängen ein Schlüssel zu Meister Eckharts Denken überhaupt. Immer denkt er «von oben her» oder «vom Ursprung her». Der Umfang allen Geschehens aber liegt dort, wo Gott – jenseits aller Zeit – seinen eingeborenen Sohn gebiert. Was aber in der Ewigkeit geschieht, das ist überall dort gegenwärtig, wo ein Mensch «sich in die Ewigkeit versetzt» (vgl. S. 8):

Ein Meister sagt: Wenn ich daran denke, daß unsere Natur über die Kreaturen erhoben worden ist und im Himmel über den Engeln sitzt und von ihnen angebetet wird, so muß ich mich aus tiefstem Herzensgrunde freuen, denn Jesus Christus, mein lieber Herr, hat mir alles das zu eigen gemacht, was er in sich besitzt. Er (der Meister) sagt auch, daß der Vater es in allem dem, was er seinem Sohn Jesus Christus je in der menschlichen Natur verlieh, eher auf mich abgesehen und mich mehr geliebt hat als ihn und es mir eher verlieh als ihm. Wieso denn? Er gab es ihm um meinetwillen, denn mir tat es not. Darum, was immer er ihm gab, damit zielte er auf mich und gab mir's recht so wie ihm ...

Denn Gott kann nicht (nur) weniges geben; entweder muß er alles oder gar nichts geben. Seine Gabe ist völlig einfach und vollkommen ohne Teilung und nicht in der Zeit, immerzu (nur) in der Ewigkeit; und seid dessen so gewiß, wie ich lebe: Wenn wir so von ihm empfangen sollen, so müssen wir in der Ewigkeit sein, erhaben über die Zeit (P 5).

Warum ist Gott Mensch geworden? Darum, daß ich als derselbe Sohn geboren würde

Immer bin ich es, auf den das Geheimnis der Heilsgeschichte abzielt. Gott wünscht, daß ich «als derselbe Sohn» geboren werde – wie mag das zu verstehen sein? Wir müssen versuchen, uns von der Denkweise und den Voraussetzungen Eckharts her an diese Aussage heranzutasten. Wo Gott in mich eingeht, sich in mir verwirklicht, durch mich in leibhafter Weise Gestalt annimmt, geschieht ein Stück Menschwerdung Gottes – ein Stück Inkarnation. Da Gott nur alles geben kann oder nichts, da er nur *eine* Liebe hat, mit der er sich in diese Welt hineinschenkt, geschieht überall dort, wo sich Gott in die Seele eines Menschen hineingebiert, ein Stück Inkarnation – «wird der Sohn in uns geboren»:

Gott wirkt alle seine Werke darum, daß wir der eingeborene Sohn seien (P 13). [Denn] alles, was Gott wirkt, das ist Eins; darum gebiert er mich als seinen Sohn ohne jeden Unterschied (P 7). Dieses Werk wirkt Gott im Innersten der Seele, und zwar so verborgen, daß weder ein Engel noch ein Heiliger darum weiß, und auch die Seele selbst kann nichts weiter dazu tun, als es zu erleiden; es gehört einzig Gott zu (P 47). [Deshalb:] Wo der Vater seinen Sohn in mir gebiert, da bin ich derselbe Sohn und nicht ein anderer; wir sind wohl verschieden im Menschsein, dort aber bin ich derselbe Sohn und nicht ein anderer. «Wo wir Söhne sind, da sind wir rechte Erben» (Röm 8,17) (P 4).

In einer Weihnachtspredigt erklärt Eckhart die Sohnesgeburt auf folgende Weise:

Wir feiern hier in der Zeitlichkeit im Hinblick auf die *ewige* Geburt, die Gott der Vater vollzogen hat und ohne Unterlaß in Ewigkeit vollzieht, daß diese selbe Geburt sich nun *in der Zeit,* in menschlicher Natur vollzogen hat. Sankt Augustinus sagt: Was hilft es mir, daß diese Geburt immerfort geschehe und doch nicht in mir geschieht? Daß sie aber in mir geschehe, daran ist alles gelegen (P 57).

Solche Worte, die einem den Atem rauben könnten, sind bei Meister Eckhart die letzte Konsequenz einer lebenslangen Schriftmeditation, in welcher er die Aussagen der Bibel zum letzten Geheimnis Gottes hin zu durchbrechen sucht. Wie kommt er zu solchen Aussagen, von denen er selbst einmal äußert, daß sie unglaublich klingen?

[Die] Schrift sagt: «Niemand erkennt den Vater als der Sohn» (Mt 11,27), und deshalb: Wollt ihr Gott erkennen, so müßt ihr dem Sohne nicht allein gleich sein, sondern ihr müßt der Sohn selber sein (P 16). [Und] Sankt Johannes spricht:

«Sehet, welche Liebe uns Gott geschenkt hat, daß wir Gottes Kinder geheißen werden und sind» (1 Joh 3,1). Er sagt nicht nur: «geheißen werden», sondern auch: «sind». Ebenso sage ich: Sowenig der Mensch weise sein kann ohne Wissen, sowenig kann er Sohn sein ohne das sohnhafte Sein des Sohnes Gottes (P 35).

Wodurch aber vollzieht sich nun diese Sohnesgeburt in der menschlichen Seele, die allein der Vater zu wirken vermag? Zwei Antworten tauchen immer wieder auf: Gott wirkt diese Geburt durch das Einsprechen seines *Wortes* und durch die Gabe der *Eucharistie*.

Des Vaters Sprechen ist sein Gebären, des Sohnes Hören ist sein Geboren-werden

Nun wollen wir von dieser Geburt reden, wie sie in *uns* geschehe und in der guten Seele vollbracht werde, wenn immer Gott der Vater sein ewiges Wort in der vollkommenen Seele spricht (P 57). Wenn das Wort in die Seele spricht und die Seele antwortet in dem lebendigen Worte, dann wird der Sohn lebendig in der Seele (P 18).

Das Wort des Vaters ist Jesus selber. In ihm spricht der Vater sich in diese Welt hinein, am unmittelbarsten in das bereite, geöffnete Innerste des Menschen:

Soll Jesus in der Seele reden, so muß sie allein sein und muß selbst schweigen, wenn sie Jesus reden hören soll. Nun denn, so geht er hinein und beginnt zu sprechen. Was spricht der Herr Jesus? Er spricht das, was er ist. Was ist er denn? Er ist ein Wort des Vaters. In diesem nämlichen Worte spricht der Vater sich selbst und die ganze göttliche Natur und alles, was Gott ist, so wie er es erkennt (, aus) (P 1).

Im Hören auf das Wort und im Schauen auf Jesus, das lebendige «Wort» des Vaters, wird der Mensch selbst zum «Sohn»:

Auch soll sich der Mensch gewöhnen, sich in allen seinen Werken allzeit in das Leben und Wirken unseres Herrn Jesu Christi hineinzubilden, in all seinem Tun und Lassen, Leiden und Leben, und halte hierbei allzeit ihn vor Augen, so wie er uns vor Augen gehabt hat (T I/16).

Neben dem *Wort*, in dem die Sohnesgeburt in mir geschieht, ist es die *Eucharistie*, die mich in die tiefste Vereinigung mit Gott hineinzieht, wenn ich sie in rechter Weise empfange. Wer sie als das empfängt, was sie nach Gottes Willen ist, kann dadurch «völlig in Gott transformiert und verwandelt» werden:

Wer diese Speise mit Liebe empfängt, überwältigt Gott so, daß er sich ihr gänzlich geben muß

Gott gibt sich mit allem, was er ist, im Abendmahl seinen lieben Freunden zu Speise. Sankt Augustinus graute es vor dieser Speise; da sprach eine Stimme zu ihm im Geiste: «Ich bin eine Speise der Großen; wachse und nimm zu und iß mich! Du verwandelst mich (aber) nicht in dich, sondern du wirst in mich gewandelt.» (P 21) [Deshalb] bedarfst du's, daß du zu deinem Gott gehest! Denn in ihm wirst du entzündet und heiß,

und in ihm wirst du geheiligt und ihm allein verbunden und vereint (T I/20).
Ja, im Leibe unseres Herrn wird die Seele so nahe in Gott gefügt, daß alle Engel … keinen Unterschied zwischen ihnen beiden mehr wissen noch herausfinden können; denn wo sie Gott anrühren, da rühren sie die Seele an, und wo die Seele, da Gott. Nie ward so nahe Einung! Denn die Seele ist viel näher mit Gott vereint als Leib und Seele, die *einen* Menschen ausmachen. Diese Einung ist viel enger, als wenn einer einen Tropfen Wasser gösse in ein Faß Wein: da wäre Wasser *und* Wein; das aber wird so in eins gewandelt, daß keine Kreatur den Unterschied herauszufinden vermöchte (T I/20).
«Wir werden völlig in Gott transformiert und verwandelt» (2 Kor 3,18). Vernimm ein Gleichnis! Ganz so, wie wenn im Sakramente Brot in unseres Herrn Leib verwandelt wird: … Ganz so werde ich in ihn verwandelt, daß er mich als sein Sein wirkt, (und zwar) als eines, *nicht* als *gleiches* (P 7). (vgl. S. 56)

Das eigentlich Unsagbare sagen zu müssen, das ist immer neu die innere Aufgabe Meister Eckharts. So kann er folgendes Wort formulieren:

Wer diese Speise mit Furcht empfängt, dem schmeckt sie niemals wirklich; man muß sie empfangen mit Liebe. Deshalb überwältigt eine gottliebende Seele Gott, so daß er sich ihr gänzlich geben muß (P 21).

Die Liebe, die solches bewirkt, ist aber nichts anderes als der Heilige Geist im Inneren des Menschen. Dies ist die dritte Begründung bei Meister Eckhart für die Gottfähigkeit des Menschen:

Des Heiligen Geistes Wesen ist es, daß ich in Gott völlig eingeschmolzen und gänzlich Liebe werde

Das Geheimnis, daß der Mensch Gottes teilhaft werden kann, ist zuletzt darin begründet, daß der Heilige Geist den Menschen in Gottes innerstes Wesen hineinträgt:

Die erste Gabe, die Gott gibt, das ist der Heilige Geist; in dem gibt Gott *alle* seine Gaben (P 51): [Und] alle Bewegung, durch die wir zur Liebe bewegt werden, in der bewegt uns nichts anderes als der Heilige Geist (P 50).

Was aber vermag diese Liebe in mir zu bewirken?

Die Kraft des Heiligen Geistes nimmt das Lauterste und das Feinste und das Höchste, das Fünklein der Seele, und trägt es ganz empor im Brande, in der Liebe, wie ich es nun vom Baume sage: der Sonne Kraft nimmt in der Wurzel des Baumes das Lauterste und das Feinste und zieht es ganz hinauf bis in den Zweig; dort wird es zur Blüte. Ganz so wird auf alle Weise das Fünklein in der Seele emporgetragen in dem Lichte und in dem Heiligen Geiste und auf solche Weise hinaufgetragen in den ersten Ursprung und wird so ganz eins mit Gott und strebt so ganz ins Eine und ist in eigentlicherem Sinne eins mit Gott, als die Speise es mit meinem Leibe ist, ja, um vieles mehr, um so viel, wie es lauterer und edler ist (P 21).

Dort wird die Seele in Gott getaucht und getauft in göttlicher Natur, und sie empfängt darin ein göttliches Leben (P 45). Denn, wo der Sohn offenbar wird in der Seele, da wird auch die Liebe des Heiligen Geistes offenbar. Darum sage ich, daß es des Vaters Wesen ist, den Sohn zu gebären, und des Sohnes Wesen, daß ich in ihm und nach ihm geboren werde; des Heiligen Geistes Wesen ist es, daß ich in ihm verbrannt und in ihm völlig eingeschmolzen und gänzlich Liebe werde (P 25).

Diese Einbildung des Menschen in Gott durch Vater, Sohn und Heiligen Geist ist letztlich *ein* einziges Geschehen, Wirken des einen Gottes, der den Menschen würdigt, seiner teilhaft zu werden. Dabei begegnete uns immer wieder der Ausdruck, der Mensch könne und solle mit Gott «einswerden». Was versteht der Meister darunter?

Gott und ich, wir sind eins

Was meint dieses Einssein? *Nicht* ist damit gemeint eine Gleichheit, in der der Mensch sich einbilden könnte, dasselbe zu sein wie Gott:

Ein heidnischer Meister setzt die Kreaturen Gott gleich ... «Gleich», das ist böse und trügerisch. Mache ich mich einem Menschen gleich und finde ich einen Menschen, der mir gleicht, so gebärdet sich dieser Mensch, als ob er ich sei, und dabei ist er's nicht und trügt. Manches Ding gleicht dem Golde; es lügt und ist nicht Gold. So auch geben sich alle Dinge als Gott gleich aus, und sie lügen, und sie sind es alle nicht ... Gleichheit ist nicht Eins. Gleichheit ist etwas, was es an Gott nicht gibt ... es gibt nur Einssein in der Ewigkeit, nicht Gleichsein (P 14).

Wenn Meister Eckhart an anderen Stellen dann doch immer wieder davon spricht, daß der Mensch Gott *gleich* werden müsse, so ist dies immer im Sinn solchen Einswerdens zu verstehen. In seinem Bemühen, über geistliche Wirklichkeiten in deutscher Sprache zu reden, tastet sich Eckhart durch sprachliche Formulierungen hindurch, die er nicht immer einheitlich verwendet (vgl. S. 18).
Was aber versteht er unter diesem Einssein des Menschen mit Gott? Vielleicht kommen wir dem Verstehen des Gemeinten am nächsten, wenn wir die verschiedenen Bilder meditieren, durch die er seine Aussage von Einssein zu vermitteln versucht:

Das Bild vom Zimmermann: Er wirkt, und ich werde.

Manche einfältigen Leute wähnen, sie sollten Gott (so) sehen, als stünde er dort und sie hier. Dem ist nicht so. Gott und ich, wir sind *eins*. Durch das Erkennen nehme ich Gott in mich hinein; durch die Liebe hingegen gehe ich in Gott ein ... *Das Wirken und das Werden aber ist eins.* Wenn der Zimmermann nicht wirkt, wird auch das Haus nicht. Wo die Axt ruht, ruht auch das Werden. Gott und ich, wir sind eins in solchem Wirken; er wirkt, und ich werde (P 7).

Das Bild vom Siegel: Er prägt mich, und ich werde geprägt.

Wenn die Seele [Gott] berührt mit rechter Erkenntnis, so ist sie ihm in diesem Bilde gleich.

Drückt man ein Siegel in Wachs, so entsteht (darauf) ein Bild. Wird (aber) das Siegel völlig durch das Wachs durchgedrückt, so daß kein Wachs mehr übrigbleibt, das nicht vom Siegel durchprägt wäre, so ist es (= das Wachs) unterschiedslos eins mit dem Siegel. Ebenso wird die Seele gänzlich mit Gott in dem Bilde und in der Gleichheit vereint, wenn sie ihn in rechter Erkenntnis berührt (P 30).

Das Bild vom Sehen: Er sieht mich und ich werde gesehen.

Um nichts Nebensächliches geht es Meister Eckhart, wenn er von der Möglichkeit dieses Einsseins spricht, sondern um *die* zentrale Aussage seiner Verkündigung. Das geht aus folgenden Worten hervor – die aber zugleich wieder deutlich machen, daß hier versucht wird, etwas begreiflich zu machen, was sich eigentlich der Sprache entzieht (vgl. S. 13):

Als ich heute hierher ging, da sann ich darüber nach, wie ich euch so verständlich predigen könnte, daß ihr mich gut verstündet, und erdachte ein Gleichnis. Könntet ihr das recht verstehen, so verstündet ihr den eigentlichen Sinn und den Grund meines Anliegens, über den ich seit je gepredigt habe. Das Gleichnis aber hatte es mit meinem Auge und mit dem Holze zu tun: Wird mein Auge aufgeschlagen, so ist es ein Auge; ist es zu, so ist es dasselbe Auge. Durch das Sehen wiederum geht dem Holze weder etwas zu noch ab. Nun versteht mich recht genau! Geschieht es aber nun, daß mein Auge ... im Anschauen auf das Holz gerichtet wird, so bleibt ein jedes, was es ist, und doch werden beide im Vollzug des Anschauens eins (P 34).

Das Bild vom Spiegel: Er strahlt, und ich strahle zurück.

Ich nehme ein Becken mit Wasser und lege einen Spiegel hinein und setze es unter den Sonnenball; dann wirft die Sonne ihren lichten Glanz aus ... und vergeht darum doch nicht. Das Rückstrahlen des Spiegels in der Sonne ist in der Sonne (selbst) Sonne, und doch ist er (= der Spiegel) das, was *er* ist. So auch ist es mit Gott. Gott ist in der Seele mit seiner Natur, mit seinem Sein und mit seiner Gottheit, und doch ist er nicht die Seele. Das Rückstrahlen der Seele, das ist in Gott Gott, und doch ist sie (= die Seele) das, was *sie* ist (P 26).

Das Bild vom Feuer: Er verwandelt mich, und ich werde verwandelt.

Dieses Einssein des Menschen mit Gott ist eine Möglichkeit, die sich verwirklichen muß. Gott selbst arbeitet hart am Menschen, um ihn dahin zu bringen:

Es ist Gottes Streben, daß er sich *uns* völlig gebe. In gleicher Weise, wie wenn das Feuer das Holz in sich ziehen will und sich hinwieder in das Holz, so befindet es vorerst das Holz als ihm (= dem Feuer) ungleich. Darum bedarf es der Zeit. Zuerst macht es (das Holz) warm und heiß, und dann raucht es und kracht, weil es ihm (= das Holz dem Feuer) ungleich ist; und je heißer das Holz dann wird, um so stiller und ruhiger wird es, und je gleicher es dem Feuer ist, um so friedlicher ist es, bis es ganz und gar Feuer wird. Soll das Feuer das Holz in sich aufnehmen, so muß alle Ungleichheit ausgetrieben sein (P 12). Das Feuer verwandelt in sich, was ihm zugeführt wird, und dies wird zu seiner Natur. Nicht das Holz verwandelt das Feuer in sich, vielmehr verwandelt das Feuer das Holz in sich. So auch werden wir in Gott verwandelt (P 7).

Bei Meister Eckhart ist die ganze Schöpfung voll innerer Dynamik: «Alle Dinge drängen zu Gott hin als zu ihrem letzten Ziel» (P 10). Wenn das schon für alle Kreaturen gilt, wieviel mehr dann für den Menschen. Er kann erst in Gott – in seinem Einssein mit Gott – seine Ruhe finden. Wie selten aber geschieht das!

Daß wir nicht dahin gelangen, wo dieses Gut empfangen wird, das liegt nicht an ihm, sondern an uns

Meister Eckhart gibt sich keinen Illusionen hin: Er weiß, daß seine Predigthörerinnen – selbst wenn sie Ordensschwestern sind – vielleicht noch nie etwas von solcher Nähe und Wirklichkeit Gottes gespürt haben. Andere mögen irgendwann einmal etwas von dieser Freude in Gott erfahren haben, doch sie meinten, solches Erleben sei unwiederholbar – und darüber kehrten sie zu ihrem Alltagsleben zurück. Das jedoch ruft des Meisters ganze Leidenschaft auf den Plan. Dazu darf er nicht schweigen, so unmöglich ihm auch oft das Reden-Müssen erscheint. Der Mensch steht immer in Gefahr, seine tiefste Möglichkeit zu versäumen, er *darf* die einzigartige Chance, die ihm von Gott geboten wird, nicht achtlos beiseite lassen, als gehe das Leben ebensogut auch so weiter:

Der Mensch, der von inwendigen Dingen nichts gewöhnt ist, der weiß nicht, was Gott ist. Wie ein Mann, der Wein in seinem Keller hat, aber nichts davon getrunken noch versucht hätte, der weiß nicht, daß er gut ist. So auch steht es mit den Leuten, die in Unwissenheit leben: die wissen nicht, was Gott ist, und doch glauben und wähnen sie zu leben (P 11).

Der Mensch steht immer in der Gefahr, an Stelle des wahren Lebens ein Scheinleben zu führen, das er für das wahre Leben hält. Damit aber schadet er nicht nur sich selbst, sondern betrübt Gott:

Warum zürnt Gott? – Um nichts anderes als um den Verlust unserer eigenen Seligkeit, denn das Seine sucht er nicht; so leid ist es Gott, daß wir unserer Seligkeit zuwider handeln. Nichts Leidvolleres konnte Gott widerfahren als die Marter und der Tod unseres Herrn Jesu Christi, seines eingeborenen Sohnes, den der um *unserer Seligkeit* willen erlitt (P 38).

Auch hier benutzt Meister Eckhart verschiedene Bilder, die er zum Meditieren anbietet, um die Hörer seiner Predigten aufmerksam zu machen, welch unermeßliche Gaben in ihnen verborgen sind, und welche Gefahr es bedeutet, daß sie zugrunde gehen:

Das Bild vom Samen: Er braucht einen guten Ackermann.

Der Same Gottes ist in uns. Hätte er einen guten, weisen und fleißigen Ackerer, so würde um so besser gedeihen und wüchse auf zu Gott, dessen

Same er ist, und die Frucht würde gleich der Natur Gottes. Birnbaums Same erwächst zum Birnbaum, Nußbaums Same zum Nußbaum, Same Gottes zu Gott (vgl. 1 Joh 3,9). Ist's aber so, daß der gute Same einen törichten und bösen Ackerer hat, so wächst Unkraut und bedeckt und verdrängt den guten Samen, so daß er nicht ans Licht kommt noch auswachsen kann (T III).

Das Bild vom Brunnen: Er muß offengehalten werden.

Der große Meister Origenes trägt ein Gleichnis vor: Gottes Bild, Gottes Sohn, sei in der Seele Grund wie ein lebendiger Brunnen. Wenn aber jemand Erde, das ist irdisches Begehren, darauf wirft, so hindert und verdeckt es (ihn), so daß man nichts von ihm erkennt oder gewahr wird; gleichviel bleibt er in sich selbst lebendig, und wenn man die Erde, die von außen oben darauf geworfen ist, wegnimmt, so kommt er (wieder) zum Vorschein und wird man ihn gewahr (T III).

Das Bild von der Zunge: Sie muß frei sein von krankem Belag.

Daß der Kranke die Speise und den Wein nicht schmeckt, was wunders ist das? Nimmt er ja doch den Wein und die Speise nicht in ihrem eigenen Geschmack wahr. Die Zunge hat eine Decke und ein Kleid, womit sie wahrnimmt, und dieses ist bitter gemäß der Krankheitsnatur der Krankheit. Es gelangte noch nicht bis dahin, wo es schmekken sollte; es dünkt den Kranken bitter, und er hat recht, denn es muß bitter sein bei dem Belag und dem Überzug. Wenn diese Zwischenschicht nicht weg ist, schmeckt nichts nach seinem Eigenen. Solange der «Belag» nicht von uns beseitigt ist, solange schmeckt uns Gott nimmermehr in seinem Eigenen, und unser Leben ist uns (dann) oft bekümmert und bitter (P 12).

Das Bild von der Speise: Ohne Salz schmeckt sie nicht.

Was ist schuld daran, daß uns die Speise nicht schmeckt? Schuld daran ist, daß wir kein Salz haben. Das Salz ist die göttliche Liebe. Hätten wir die göttliche Liebe, so schmeckte uns Gott und alle Werke, die Gott je wirkte (P 23).

Wir selbst allein also sind die Ursache dafür, daß wir nicht den ganzen Reichtum empfangen, den Gott für uns bereit hat. Damit aber tun wir nicht nur uns selbst Schaden an, sondern wir versagen uns der Liebe Gottes:

[Unser] Absehen soll rein nur auf Gott gerichtet sein und auf sonst nichts ... Wären wir so, so würde dieses Gute in uns geoffenbart. Daß es uns verborgen ist, daran trägt nichts anderes die Schuld als wir. *Wir* sind die Ursache aller unserer Hindernisse. Hüte dich vor dir selbst, so hast du wohl gehütet. Und ist es so, daß wir's nicht nehmen *wollen*, so hat er uns (doch) dazu erwählt; nehmen wir's *nicht*, so wird es uns gereuen müssen, und es wird uns sehr verwiesen werden. Daß wir nicht dahin gelangen, wo dieses Gut empfangen wird, das liegt nicht an ihm, sondern an uns (P 5).

Und was hindert uns? Allem voran, daß wir uns selbst an die Stelle Gottes setzen wollen in unserem menschlichen Hochmut:

Wer von oben her empfangen will, der muß notwendig unten sein in rechter Demut. Und wisset in Wahrheit: Wer nicht völlig unten ist, dem wird auch nichts zuteil, und er empfängt auch nichts, wie geringfügig es auch immer nur sein möge (P 4).

«Unten» aber sind wir in dem Maß, wie wir uns selbst losgelassen, «gelassen» haben. So wird die «Gelassenheit» des Menschen zur Möglichkeit, Gott in sich mehr und mehr Raum zu geben.

III. FASZINIERT VON DER LEIDENSCHAFT, SICH GOTT VORBEHALTLOS ZU ÜBERLASSEN

Es kommt von Gottes großer Gebefreudigkeit, daß er viel fordert vom Menschen: Er will, daß die Seele sich weite, auf daß er ihr vieles geben könne

Es kommt nicht von Gottes Gerechtigkeit und Strenge, daß er viel heischt vom Menschen; es kommt von seiner großen Gebefreudigkeit, wenn er will, daß die Seele sich weite, auf daß sie *viel* empfangen und er ihr *viel* geben könne ... [Denn] nie hat ein Mensch nach irgend etwas so sehr begehrt, wie *Gott* danach begehrt, den Menschen dahin zu bringen, daß er ihn erkenne (P 36).

Vor solch einem Wort muß ich innehalten, um es ganz in mich aufnehmen zu können. In der Verwirklichung christlichen Lebens geht es im letzten nicht um mich, auch nicht um mein Heil – das ist Zugabe –, sondern allein um Gott selbst. Für manchen Christen könnte das nicht weniger als eine kopernikanische Wende seines christlichen Selbstverständnisses bedeuten: Gott ist es, der sich nach dem Menschen sehnt, um sich selbst ihm zu geben. *So wird es zur Grundaufgabe eines jeden Menschen, dieser Sehnsucht Gottes zu entsprechen.* Das aber erfordert vom Menschen nicht weniger, als daß er sich mit allem, was er ist, was er hat und was er vermag, für Gott öffnet:

Ich sage: Ich will Gott ... bitten, daß er mich würdig mache zu empfangen, und will ihn dafür loben, daß er *der* Natur und *des* Wesens ist, daß er geben *muß* (P 49) [Denn] Gott ist allzeit bereit, *wir* aber sind sehr unbereit (P 36). Ist man aber unbereitet, so verdirbt man die Gabe und Gott mit der Gabe. Das ist auch der Grund, weshalb uns Gott nicht allzeit geben kann, wie wir's erbitten. An ihm fehlt's nicht, denn er hat's tausendmal eiliger zu geben als wir zu nehmen. Wir aber tun ihm Gewalt an und Unrecht damit, daß wir ihn an seinem natürlichen Wirken hindern durch unsere Unbereitschaft (T I/21). Wer [aber] recht zu Gott stünde, der sollte sich allwegs vor Augen halten, daß der getreue, liebende Gott den Menschen aus einem sündigen Leben in ein göttliches gebracht, aus einem Feind zum Freund gemacht hat, was mehr ist, als eine neue Erde zu erschaffen. Das wäre einer der stärksten Antriebe, der den Menschen ganz in Gott versetzen würde, und man sollte sich wundern, wie sehr es den Menschen in starker, großer Liebe entzünden müßte derart, daß er sich seiner selbst völlig entäußerte (T I/12).

Damit wir die «Bereitschaft», das Sich-bereiten für Gott zur wichtigsten Aufgabe des Menschen überhaupt. Bereit bin ich aber in dem Maß, wie ich mich selbst los*lasse* und mich Gott völlig über*lasse.*

Wer Gottes Gabe ganz empfangen soll, der muß völlig gelassen sein

In dem Begriff der «Gelassenheit» sammelt sich für Meister Eckhart alles, was dazu gehört, daß sich der Mensch für Gott bereite. Wir werden auch hier die Fülle der Aspekte am besten verstehen, indem wir wieder die verschiedenen Bilder auf uns wirken lassen, durch die Eckhart sein Anliegen der Gelassenheit begreiflich zu machen versucht:

Das Bild des Funkens: Sich lassen als Bewegung.

Im Bild des Funkens, das uns bereits begegnete in dem für Meister Eckhart so zentralen Begriff des «Seelenfünkleins» (S. 46 f.), steht die *Bewegung* im Blickfeld. Die Gelassenheit, die der Mensch anstrebt, ist eine intensive innere Bewegung. Wie nun jede Bewegung zwei verschiedene Blickrichtungen ermöglicht, den Blick auf das «weg von» und den Blick auf das «hin zu», so ist auch die Bewegung des Sich-lassens unter diesen zwei Blickrichtungen zu sehen – und bleibt dabei doch eine unauflösliche Einheit: Es geht gleichzeitig um ein immer radikaleres *«Mich-selbst-loslassen»* und um ein immer radikaleres «Mich-Gott-überlassen»:

Wenn das materielle Feuer das Holz entzündet, so empfängt ein Funke Feuersnatur und wird dem lauteren Feuer gleich ... Sofort vergißt und gibt er auf Vater und Mutter, Bruder und Schwester auf Erden und jagt hinauf zum *himmlischen* Vater. Vater des Funkens hienieden ist das Feuer, seine Mutter ist das Holz, seine Brüder und Schwestern sind die anderen Funken; auf sie wartet das erste Fünklein nicht. Es jagt schnell hinauf zu seinem rechten Vater, welches der Himmel ist ... Und fürder ist dies noch gar sehr zu beachten, daß dieses Fünklein nicht allein Vater und Mutter, Bruder und Schwester auf Erden verläßt; vielmehr verläßt, vergißt und verleugnet es auch sich selbst aus Liebesdrang, zu seinem rechten Vater, dem Himmel, zu kommen, denn es muß notgedrungen erlöschen in der Kälte der Luft; gleichviel will es die natürliche Liebe, die es zu seinem wahren, himmlischen Vater hat, bekunden (T II/2).

Das Bild des Steines: Sich lassen als bleibende innere Ausrichtung.

Ähnlich, doch mit einer anderen Aussage verbunden, ist das Bild des Steines. Hier soll deutlich werden, daß die Bewegung des Menschen von sich selbst hinweg und zu Gott hin ein innerer Zustand werden soll, der auch dann eine Wirklichkeit ist, wenn er sich nicht im äußeren Werk verwirklichen kann:

Für diese Lehre haben wir ein anschauliches Zeugnis am Steine: dessen äußeres Werk ist es, daß er niederfällt und auf der Erde aufliegt. *Dieses* Werk kann gehindert werden, und er fällt nicht jederzeit noch ohne Unterlaß. Ein anderes Werk (aber) ist dem Stein noch inniger: das ist die Neigung niederwärts ... Dies Werk wirkt der Stein ohne Unterlaß Tag und Nacht. Und wenn er tausend Jahre da oben läge, er würde nicht weniger noch mehr niederwärts neigen als am ersten Tage (T II/2).

Das Bild des Gefäßes: Sich lassen als Offenheit.

In mancherlei Abwandlungen begegnet uns bei Meister Eckhart das Bild des Tausches, was das Gleiche aussagt wie das Gleichnis von einem Gefäß, das entleert werden muß, damit es neu gefüllt werden kann. Wenn Gottes Wesen das Sich-geben-müssen ist, dann ist es unsere Aufgabe, den Raum zu öffnen, in den hinein er sich schenken kann:

Kein Gefäß kann zweierlei Trank in sich fassen. Soll es Wein enthalten, so muß man notgedrun-

gen das Wasser ausgießen; das Gefäß muß leer und ledig werden. Darum: sollst du göttliche Freude und Gott aufnehmen, so mußt du notwendig die Kreaturen ausgießen ...
Kurz gesagt: Alles, was aufnehmen und empfänglich sein soll, das soll und muß leer sein (T II/2). Es ist ein gleichwertiger Austausch und ein gerechter Handel: So weit du ausgehst aus allen Dingen, so weit, nicht weniger und nicht mehr, geht Gott ein mit all dem Seinen, dafern du in allen Dingen dich des Deinen völlig entäußerst (T I/4).

Das Bild der Schwangerschaft: Sich lassen als Empfänglichkeit.

Das Zunichtewerden des Menschen, damit Gott in ihm Raum gewinne, gestaltet sich für Meister Eckhart in einem eigenartigen Wachtraumbild. Es läßt uns ahnen, in welchen Tiefen er um dieses Leerwerden rang:

Es deuchte (einmal) einem Menschen wie in einem Traume – es war ein Wachtraum –, er würde schwanger vom Nichts wie eine Frau mit einem Kinde, und in diesem Nichts ward Gott geboren; der war die Frucht des Nichts. Gott ward geboren in dem Nichts (P 37).

Solche Bilder wollen nicht nur einmal kurz angeblickt werden, sie bieten sich uns an zum Meditieren. Denn was sie uns in ihren verschiedenen Aussagen über das Wesen der Gelassenheit vor Augen malen, kann kaum mit dem Verstand allein gefaßt werden. Fassen kann ich es nur in der meditativen Tiefe, dort, wo auch in

mir alles Unterschiedene noch in einer tiefen Einheit verbunden ist.
Da Gott immer der *Eine* ist, der jenseits dessen steht, was für den Menschen Unterschied bedeutet, bewege ich mich auf Gott zu in dem Maß, wie ich mich darum mühe, alles zu lassen, was von Unterschiedlichkeit geprägt ist, um mich dem zu nähern, was letzte Einheit ist. Und ich öffne mich für Gott, wo ich mich von allem Unterschiedenen entleere, um es dort zu ergreifen, wo es noch in seinem eigenen Ursprung verankert ist: In der Einheit Gottes.

Im einen findet man Gott, und eins muß werden, der Gott finden soll

Da Gott der Ursprung *allen* Seins, also aller «Kreaturen» ist, bewege ich mich in dem Maß auf Gott zu, wie ich das, was mir als Unterschiedenes begegnet, «durchbreche», um es dort zu ergreifen, wo es seinen Ursprung in Gott hat:

In Gott sind aller Dinge Urbilder *gleich*; aber sie sind *ungleicher* Dinge Urbilder (P 10). Wer nun die Dinge in ihrem ersten Ausfluß nähme, der nähme alle Dinge als gleich (P 13).

Damit kann mir alles Unterschiedliche Weg zu Gott werden – und gleichzeitig erfahre ich dabei etwas von der Überwindungsmöglichkeit meiner menschlichen Begrenztheit. Denn wer – wie Meister Eckhart – immer nach dem Allerletzten und Vollkommenen streben muß, für den bedeutet alles, was «unterschieden ist», eine Erfahrung, die Bitterkeit in sich trägt: Wenn ich hier bin, kann ich nicht gleichzeitig dort sein, wenn ich dieses tue, vermag ich nicht gleichzeitig etwas anderes zu tun:

Wo zwei sind, da ist Mangelhaftigkeit. Warum? – Weil das eine *nicht* das andere ist, denn dieses «Nicht», das da Unterschiedenheit schafft, das ist nichts anderes als Bitterkeit (P 50). [Denn] im Unterschied findet man weder das Eine noch das Sein noch Gott noch Rast noch Seligkeit noch Genügen (T III). Daran [aber] liegt der Seele Lauterkeit, daß sie geläutert ist von einem Leben, das geteilt ist, und eintritt in ein Leben, das geeint ist. Alles, was in niederen Dingen geteilt ist, das wird vereint, wenn die Seele hinaufklimmt in ein Leben, in dem es keinen Gegensatz gibt (P 9). Sei [also] Eins, auf daß du Gott finden könnest! Und wahrlich, wärest du recht Eins, so bliebest du auch Eins im Unterschiedlichen, und das Unterschiedliche würde dir Eins und vermöchte dich nun ganz und gar nicht zu hindern (T III).

Ein solches Denken eröffnet mir die Möglichkeit, meinen Gott unterschiedslos in allen Dingen, an allen Orten und zu allen Zeiten, in jedem Menschen und durch jede «Weise» meines Handelns – sofern sie gut und mir zugeordnet ist – zu ergreifen. Das soll nun im einzelnen entfaltet werden.

Der Mensch muß lernen, die Dinge zu durchbrechen und seinen Gott darin zu ergreifen

Nichts, was geschaffen ist, vermag die unbegrenzte Sehnsucht des Menschen wahrhaft zu stillen und zu befriedigen:

Gott … wirft (wohl) seinen Abglanz des Genügens in die Kreaturen, aber die Wurzel alles Genügens hat er allein in sich selbst behalten deshalb, weil er uns einzig zu sich und zu niemand sonst haben will. Gott schmückt und bietet sich so der Seele dar und hat sich mit seiner ganzen Gottheit beflissen, der Seele wohlgefällig zu werden; denn Gott will für sich allein der Seele gefallen, und er will dabei keinen Nebenbuhler haben. Gott duldet keine Einschränkung; er will auch nicht, daß man irgend etwas anderes außer ihm anstrebe oder begehre (P46).

Die Loslösung von jeder inneren Bindung an etwas Vorläufiges, Unterschiedenes ist bei Eckhart nicht Selbstzweck, sondern die notwendige Voraussetzung für da einzig Wichtige:

Daß ich in diesem gegenwärtigen Nun frei und ledig stünde für den liebsten Willen Gottes, ihn zu erfüllen ohne Unterlaß (P2).

In der brennenden Liebe seines Herzens sucht er nach Wegen, wie der Mensch überall und zu jeder Zeit frei und ledig dafür sein kann, in diesem gegenwärtigen Nun den liebsten Willen Gottes zu erfüllen ohne Unterlaß. Dazu soll er sich «alle Dinge in hohem Maße zunutze machen»:

Man findet's bei vielen Leuten, und leicht gelangt der Mensch dahin, wenn er will: daß ihn die Dinge, mit denen er umgeht, nicht hindern noch irgendeine haftende Vorstellung in ihn hineinsetzen; denn, wo das Herz Gottes voll ist, da können die Kreaturen keine Stätte haben noch finden. Daran aber soll's uns nicht genügen; wir sollen uns alle Dinge in hohem Maße zunutze machen, sei's was immer es sei, wo wir sein, was wir sehen oder hören mögen, wie fremd und ungemäß es uns auch sei (T I/7).

Mit diesem Wort wird es ganz deutlich: Nicht um irgendeine Form von Weltflucht geht es Eckhart, mögen vielleicht auch manche seiner Worte – herausgelöst aus der Gesamtheit seines Denkens – so klingen. Im Gegenteil: Alles, was ihm begegnet, kann ihm zum Material seiner Liebe werden, sofern es ihm gelingt, die Dinge «zu durchbrechen und seinen Gott darin zu ergreifen». Das ist nicht Aufgabe des Verstandes, sondern Möglichkeit brennender Sehnsucht eines liebenden Herzens:

Der Mensch soll sich nicht genügen lassen an einem *gedachten* Gott; denn wenn der Gedanke vergeht, so vergeht auch der Gott. Man soll vielmehr einen *wesenhaften* Gott haben, der weit erhaben ist über die Gedanken des Menschen und aller Kreatur. *Der* Gott vergeht nicht, der Mensch wende sich denn mit Willen von ihm ab. Wer Gott so [wesenhaft] hat, der nimmt Gott göttlich, und dem leuchtet er in allen Dingen; denn alle Dinge schmecken ihm nach Gott, und Gottes Bild wird ihm aus allen Dingen sichtbar …
Vergleichsweise so, wie wenn es einen in rechtem Durst heiß dürstet: so mag der wohl anderes tun als trinken, und er mag auch wohl an andere Dinge denken; aber was er auch tut und bei wem er sein mag, in welchem Bestreben oder welchen Gedanken oder welchem Tun, so vergeht ihm doch die Vorstellung des Trankes nicht, solange der Durst währt; und je größer der Durst ist, um

so stärker und eindringlicher und gegenwärtiger und beharrlicher ist die Vorstellung des Trankes. Oder wer da etwas heiß mit ganzer Inbrunst so liebt, daß ihm nichts anderes gefällt und zu Herzen geht als (eben) dies, und er nur nach diesem verlangt und nach sonst gar nichts: ganz gewiß, wo immer ein solcher Mensch sein mag oder bei wem oder was er auch beginnt oder was er tut, nimmer erlischt doch in ihm das, was er so sehr liebt, und in allen Dingen findet er (eben) dieses Dinges Bild, und dies ist ihm um so stärker gegenwärtig, je mehr die Liebe stärker und stärker wird ...

Dieser Mensch findet weit mehr Lob vor Gott, weil er alle Dinge als göttlich und höher erfaßt, denn sie in sich selbst sind. Traun, dazu gehört Eifer und Hingabe und ein genaues Achten auf des Menschen Inneres und ein waches, wahres, besonnenes, wirkliches Wissen darum, worauf das Gemüt gestellt ist mitten in den Dingen und unter den Leuten. Dies kann der Mensch nicht durch Fliehen lernen, indem er vor den Dingen flüchtet und sich äußerlich in die Einsamkeit kehrt; er muß vielmehr eine innere Einsamkeit lernen, wo und bei wem er auch sei. Er muß lernen, die Dinge zu durchbrechen und seinen Gott *darin* zu ergreifen und den kraftvoll in einer wesenhaften Weise in sich hineinbilden zu können. Vergleichsweise so wie einer, der schreiben lernen will. Fürwahr, soll er die Kunst beherrschen, so muß er sich viel und oft in dieser Tätigkeit üben, wie sauer und schwer es ihm auch werde und wie unmöglich es ihn dünke: will er's nur fleißig üben und oft, so lernt er's doch und eignet sich die Kunst an. Fürwahr, zuerst muß er seine Gedanken auf jeden einzelnen Buchstaben richten und sich den sehr fest einprägen. Späterhin, wenn er dann die Kunst beherrscht, so bedarf er der Bildvorstellung und der Überlegung gar nicht mehr, und dann schreibt er unbefangen und frei, und ebenso ist es auch, wenn es sich um Fiedeln oder irgendwelche Verrichtung handelt, die aus seinem Können geschehen sollen. Für ihn genügt es völlig zu wissen, *daß* er seine Kunst betätigen will; und wenn er auch nicht beständig bewußt dabei ist, so vollführt er sein Tun doch, woran er auch denken mag, aus seinem Können heraus.

So auch soll der Mensch von göttlicher Gegenwart durchdrungen und mit der Form seines geliebten Gottes durchformt und in ihm verwesentlicht sein, so daß ihm sein Gegenwärtigsein ohne alle Anstrengung leuchte ... (T I/6).

Denn der Mensch soll sein, wie unser Herr sprach: «Ihr sollt sein wie Leute, die allzeit wachen und ihres Herrn harren» (Lk 12,36). Traun, solche harrenden Leute sind wachsam und sehen sich um, von wannen er komme, dessen sie harren, und sie erwarten ihn in allem, was da kommt, wie fremd es ihnen auch sei, ob er nicht doch etwa darin sei. So sollen auch wir in allen Dingen bewußt nach unserem Herrn ausschauen. Dazu gehört notwendig Fleiß, und man muß sich's alles kosten lassen, was man nur mit Sinnen und Kräften zu leisten vermag; dann wird's recht mit den Leuten, und sie ergreifen Gott in allen Dingen gleich, und sie finden von Gott gleich viel in allen Dingen ... (T I/7).

Dazu gehört zu Beginn notwendig Überlegung und ein aufmerksames Einprägen wie beim Schüler zu seiner Kunst (T I/6).

In dieser Sicht gibt es für Meister Eckhart nichts, schlechthin gar nichts, was ich mir nicht zunutze machen könnte, um mich dadurch immer mehr selbst loszulassen mit dem Ziel, mich Gott immer totaler zu überlassen.

Achte darauf, wie du deinem Gott zugekehrt bist in der Kirche oder in der Zelle: Diese selbe Gestimmtheit behalte, und trage sie an alle Stätten

Ich wurde gefragt: manche Leute zögen sich streng von den Menschen zurück und wären immerzu gern allein, und daran läge ihr Friede und daran, daß sie in der Kirche wären – ob dies das Beste wäre? Da sagte ich «Nein!» Und gib acht, warum.
Mit wem es recht steht, wahrlich, dem ist's an allen Stätten und unter allen Leuten recht. Mit wem es aber unrecht steht, für den ist's an allen Stätten und unter allen Leuten unrecht. Wer aber recht daran ist, der hat Gott in Wahrheit bei sich; wer aber Gott recht in Wahrheit hat, der hat ihn an allen Stätten und auf der Straße und bei allen Leuten ebensogut wie in der Kirche oder in der Einöde oder in der Zelle ... [Deshalb] soll der Mensch sein Gemüt daran gewöhnen, Gott allzeit gegenwärtig zu haben im Gemüt und im Streben und in der Liebe. Achte darauf, wie du deinem Gott zugekehrt bist, wenn du in der Kirche bist oder in der Zelle: diese selbe Gestimmtheit behal-

te und trage sie unter die Menge und in die Unruhe (T I/6).

Wieder begegnet uns hier ein Grundprinzip Eckhart'schen Denkens: Menschliche Erfahrung zeigt, daß es bestimmte Orte gibt, an denen Gottes Nähe spürbarer zu sein scheint als an anderen. Für die Menschen der damaligen Zeit war die Dichte der Gegenwart Gottes in der Kirche oder beim Gebet in der Zurückgezogenheit der Klosterzelle eine nicht hinterfragte Wirklichkeit. Nun tritt dieser Prediger auf und sagt seinen Hörern: Daß du Gottes Nähe an einem Ort dichter als an einem anderen erfährst, das ist ein Stück deiner menschlichen Begrenztheit. Gott wäre nicht wahrhaft Gott, wenn er dir nicht überall gleich nahe wäre.
Daß du ihn nicht überall so «dicht» erfährst, das liegt daran, daß *du* dich dieser Wirklichkeit in der Kirche oder in der Zelle mehr öffnest, als wenn du in deinem alltäglichen Leben unterwegs bist. Es liegt auch daran, daß dir in diesen «geheiligten» Orten besondere Hilfen angeboten werden für solche Erfahrung. Eckhart ist gründlich mißverstanden worden, wo man meinte, er wolle die Menschen von ihrer Bindung an die Kirche und an die Sakramente lösen. Das lag für seine Hörerinnen (Ordensschwestern!) überhaupt nicht im Bereich der äußeren oder inneren Möglichkeit. Darum geht es ihm nicht. Im Gegenteil: Gerade diese Möglichkeiten, die Gott dem Menschen anbietet, ihn in seiner spürbaren Gegenwart zu erfahren, sollen ihm Hilfe sein, das Gleiche, was ihm hier leicht fällt, auch dort zu vollziehen, wo es ihm schwerer fällt: «Achte darauf, wie du deinem Gott zugekehrt bist in der Kirche – dieselbe Gestimmtheit behalte, und trage sie in die Unruhe». Nur so kann ich meinem Gott an *allen* Orten und zu *allen* Zeiten begegnen, jederzeit und überall frei dafür, «seinen liebsten Willen zu erfüllen ohne Unterlaß.»

Das gilt ebenso für meine mitmenschlichen Beziehungen:

Was einem andern geschieht, sei's böse oder gut, das soll für dich so sein, als ob es dir geschähe

Im mitmenschlichen Bereich bedeutet für Meister Eckhart Gelassenheit *nicht*, daß ich mir jede Form der Liebe zu anderen Menschen oder zu mir selbst versagen müßte. Das Sichlassen bedeutet auch hier, daß ich *die* Liebe, die ich zu mir selbst oder zu einem bestimmten Menschen empfinde, auf *alle* anderen Menschen übertrage. Ich muß meine besondere Liebe durchbrechen, damit sie nicht nur den einzelnen, sondern alle, – nicht nur den Teil, sondern das Ganze erreicht:

Sicherlich wage ich in Gottes Wahrheit und bei meiner Seligkeit zu sagen, daß der, der um Gottes und um der Gutheit willen Vater und Mutter, Bruder und Schwester oder was es sei, verläßt, das Hundertfache empfängt, auf zweierlei Weise: die eine Weise ist die, daß ihm sein Vater, seine Mutter, Bruder und Schwester hundertfach lieber werden, als sie es jetzt sind. Die andere Weise ist die, daß nicht nur hundert, sondern alle Leute, insofern sie Leute und Menschen sind, ihm ungleich lieber werden, als ihm jetzt von Natur aus Vater, Mutter oder Bruder lieb sind (T II/2).

Diese Worte beziehen sich zuerst auf das klösterliche Leben. Doch nie bleibt Eckhart stehen bei einer solchen «Weise». Das Loslassen menschlicher Bindungen – um dadurch frei zu werden für *alle* Menschen – wird zur Lebenshaltung, um die sich der Mensch an jedem Ort und in jeder Weise seines Lebens bemühen sollte:

[Es ist nötig, daß] du in der menschlichen Gesellschaft gleich stehst, dir selbst nicht näher als einem andern. Du sollst alle Menschen gleich wie dich lieben und gleich achten und halten; was einem andern geschieht, sei's bös oder gut, das soll für dich so sein, als ob es dir geschehe (P 5). [Denn] solange du deiner Person mehr Gutes gönnst als dem Menschen, den du nie gesehen hast, so steht es wahrlich unrecht mit dir, und du hast noch nie nur einen Augenblick lang in diesen einfaltigen Grund gelugt (P 6).

Daß Meister Eckhart sich dessen bewußt ist, daß er hohe, ja höchste Anforderungen stellt, daß er auch darum weiß, daß es nur wenige Menschen sind, die solche Höhen erreichen, zeigt folgendes Wort:

Nun sagen manche Leute: Ich habe meinen Freund, von dem mir Gutes geschieht, lieber als einen andern Menschen. Das ist unrecht; es ist unvollkommen. Doch muß man's hinnehmen, so wie manche Leute übers Meer fahren mit halbem Winde und auch hinüberkommen (P 13).

Wieder wird hier deutlich: Gelassenheit ist ein Weg, bei dem es auf die rechte Richtung ankommt. Ein Weg von der Eigenliebe, die sich in der ausschließenden Bindung an bestimmte Menschen äußert, zu einer Liebe, die Gott in jedem Menschen liebt und deshalb mehr und mehr alle «unterschiedene» Liebe losläßt, um frei zu werden für die Liebe, die keine Unterschiede mehr kennt. Solche Liebe gleicht sich der Liebe Gottes an.
Weiter umkreist Meister Eckhart im Nachsinnen über die Verwirklichungsmöglichkeiten der rechten Gelassenheit immer neu das Gebiet des menschlichen «Wir-

kens». Wie kann der Mensch, der ja notgedrungen einen großen Teil seines Lebens mit Arbeit verbringen muß, sich auch alles Tun «in hohem Maße zunutze machen» für sein ganzheitliches Streben zu Gott?

Da der Mensch in diesem Leben nicht ohne Tätigkeit sein kann, lerne er, Gott in seinen Werken zu ergreifen

Daß ich mich selbst loslasse und Gott überlasse, bedeutet nicht, daß ich dahin gelangen müßte, auf alles äußere Tun zu verzichten, um mein Leben mehr und mehr in einem Zustand der inneren Versenkung zu verbringen:

Nun (aber) wollen gewisse Leute es gar *so weit* bringen, daß sie der Werke ledig werden. Ich (aber) sage: Das kann nicht sein! (P 28)
Denn wer recht daran sein soll, bei dem muß je von zwei Dingen eines geschehen: entweder muß er Gott *in* den Werken zu ergreifen und zu halten lernen, oder er muß alle Werke lassen. Da nun aber der Mensch in diesem Leben nicht ohne Tätigkeit sein kann, die nun einmal zum Menschsein gehört und deren es vielerlei gibt, darum lerne der Mensch, seinen Gott in allen Dingen zu haben und unbehindert zu bleiben in allen Werken (T I/7).

Ganz zeitnahe – gerade im Blick auf die neue Begegnung mit dem Zen-Buddhismus – klingen folgende Worte Meister Eckharts:

Gesetzt, ein Mensch wollte sich in sich selbst zurückziehen mit allen seinen Kräften, den inneren und den äußeren, und er stände in diesem

Zustand doch (überdies auch noch) so da, daß es in seinem Innern weder irgendeine Vorstellung noch irgendeinen (ihn) zwingenden Antrieb (von Gott her zum Wirken) gäbe und er solchergestalt ohne jedes Wirken, inneres oder äußeres, dastände: – da sollte man (dann) gut darauf achten, ob es dabei (in diesem Zustande) nicht von selber (den Menschen) zum Wirken hindrängt. Ist es aber so, daß es den Menschen zu keinem Werk zieht und er nichts unternehmen mag, so soll man sich gewaltsam zwingen zu einem Werk, sei's ein inneres oder ein äußeres – denn an nichts soll sich der Mensch genügen lassen, wie gut es auch scheint oder sein mag... Nicht als ob man seinem Innern entweichen oder entfallen oder absagen solle, sondern gerade in ihm und mit ihm und aus ihm soll man so wirken lernen, daß man die Innerlichkeit ausbrechen lasse in die Wirksamkeit und die Wirksamkeit hineinleite in die Innerlichkeit und daß man sich so gewöhne, ungezwungen zu wirken. Denn man soll das Auge auf dieses *innere* Wirken richten und aus ihm heraus wirken, sei's Lesen, Beten oder – wenn es anfällt – äußeres Werk. Will aber das äußere Werk das innere zerstören, so folge man dem inneren. Könnten aber beide in Einem bestehen, das wäre das Beste, auf daß man ein Mitwirken mit Gott hätte (T I/23).

Also nicht eine passive Tatenlosigkeit, sondern das *rechte Wirken* ist ein untrügliches Kennzeichen der Heiligen:

Nach dem Zeitpunkt, da die Jünger den Heiligen Geist empfingen, da erst fingen sie an, Tugenden zu wirken ... Dafür finden wir [auch] ein Zeugnis an Christo: von Anbeginn, da Gott Mensch und der Mensch Gott ward, fing er an, für unsere Seligkeit zu wirken bis an das Ende, da er starb am Kreuze (P 28).

Allerdings gibt es auch ein Handeln des Menschen, das ihn daran hindert, in ganzer Freiheit verfügbar zu sein für den Willen Gottes im jetzigen Augenblick. Solches Tun bezeichnet Eckhart als ein Wirken mit «Ich-Bindung»:

Jegliche Ichgebundenheit an irgendwelches Werk, das dir die Freiheit benimmt, in diesem gegenwärtigen Nun Gott zu Gebote zu stehen und ihm allein zu folgen in dem Lichte, mit dem er dich anweisen würde zum Tun und Lassen, frei und neu in jedem Nun, als ob du anders nichts hättest noch wolltest noch könntest: – jegliche Ichgebundenheit oder jegliches vorsätzliche Werk benimmt dir diese allzeit neue Freiheit; ... denn deine Seele bringt dabei keinerlei Frucht, ohne daß sie das Werk verrichtet hat, das du ichgebunden in Angriff genommen hast und du hast auch weder zu Gott noch zu dir selbst Vertrauen, du habest denn dein Werk vollbracht, das du mit Ich-Bindung ergriffen hast; sonst hast du keinen Frieden (P 2).

Ich kann mich an jegliches Tun – auch an ein Tun im Dienst Gottes – so «binden», daß ich darüber blind und taub werde für das, was Gott mir vielleicht im Augenblick als dringendere Aufgabe zeigen möchte. Nur dann, wenn ich innerlich ganz frei bin zum Tun oder zum Lassen, bin ich fähig, jeden Augenblick neu auf den Willen Gottes zu hören. Das ist das erste, worum es geht bei der Gelassenheit im Blick auf mein Tun. Doch Eckhart würde auch hier sagen: «Daran soll's uns nicht genügen. Wir sollen uns (vielmehr) alle Dinge in hohem Maße zunutze machen.» Wie aber kann das geschehen? Zwei Wege weist Meister Eckhart auf:

Einerseits soll all mein Tun mehr und mehr transparent werden für mein *Sein*, aus dem jedes Tun hervorquillt –, und andererseits soll *das Ziel* aller Tätigkeit weder Lohn noch Erfolg sein, sondern *Gott allein*. Der Mensch soll seine Werke wirken «ohne warum»:

Soweit wir heilig sind und wahres Sein besitzen, soweit heiligen wir alle unsere Werke

Will ich mich durch alles Tun mehr und mehr für Gott öffnen, muß ich mich lösen von der Vorstellung, das Vollbringen besonderer Werke könne mich «heiligen». Das scheint aus der Sicht der mittelalterlichen Menschen heraus gesehen zu sein, aber es geht hier um ein zeitloses Grundproblem aller Menschen, die es ernst meinen mit ihrem Streben nach Gott. Wenn Heiligkeit oder Gottesnähe Ziel meines Lebens ist, fordert mich dieses Ziel total. Deshalb muß der Weg dorthin auch die Fülle meines Tuns umgreifen und darf sich nicht auf dieses oder jenes «unterschiedene» Tun beschränken. Das, was ich gestern getan habe, darf mich nicht näher mit Gott verbinden, als was ich heute tun muß. Soll mir aber mein Tun in diesem Sinn «gleich» werden, daß ich Gott in *jedem* Tun gleicherweise zu begegnen vermag, dann muß ich es lernen, solches Tun bis in seinen Ursprung hinein zu verfolgen – bis dorthin, wo es aus meinem Sein hervorgeht:

Die Leute brauchten nicht soviel nachzudenken,

was sie *tun* sollten; sie sollten vielmehr bedenken, was sie *wären*. Wären nun aber die Leute gut und ihre Weise, so könnten ihre Werke hell leuchten. Bist *du* gerecht, so sind auch *deine Werke* gerecht. Nicht gedenke man Heiligkeit zu gründen auf ein Tun; man soll Heiligkeit vielmehr gründen auf ein Sein, denn die Werke heiligen nicht uns, sondern wir sollen die Werke heiligen ... Erkenne hieraus, daß man allen Fleiß darauf verwenden soll, gut zu *sein*, – nicht aber so sehr darauf, was man tue oder welcher Art die Werke seien, sondern wie der Grund der Werke sei (T I/4).

Der Grund, an dem es liegt, daß des Menschen Wesen und Seinsgrund, von dem des Menschen Werke ihre Gutheit beziehen, völlig gut sei, ist dies: daß des Menschen Gemüt gänzlich zu Gott (gekehrt) sei (T I/5).

Wohl ist ein Werk anders als das andere; wer aber seine Werke aus einem gleichen Gemüt täte, wahrlich, dessen Werke wären auch alle gleich, und mit wem es recht stünde, wem Got so (eigen) geworden wäre, fürwahr, dem leuchtete Gott ebenso unverhüllt im weltlichen wie im allergöttlichsten Werk (T I/7).

Das fällt dem Menschen nicht von allein zu, sondern es fordert ein bewußtes Sich-Einstellen auf diese Weise der Tätigkeit und eine nie zu Ende kommende ernste Arbeit an sich selbst:

Auch ist es sehr von Nutzen, daß der Mensch sich nicht daran genügen lasse, daß er die Tugenden, wie Gehorsam, Armut und andere Tugend, (lediglich) im Gemüte habe; vielmehr soll sich der Mensch selbst in den Werken und Früchten der

Tugend üben und sich oft erproben und (überdies) begehren und wünschen, durch die Leute geübt und erprobt zu werden, (denn) damit ist es nicht genug, daß man die *Werke* der Tugend wirke, Gehorsam leiste, Armut oder Verachtung auf sich nehme oder sich auf andere Weise demütig oder gelassen halte; man soll vielmehr danach trachten und nimmer aufhören, bis man die Tugend in ihrem Wesen und Grund gewinne (P 16). Und darum: Wenn der anhebende Mensch unter den Leuten etwas wirken soll, so soll er sich zuvor kräftig mit Gott versehen und ihn fest in sein Herz setzen und all sein Trachten, Denken, Wollen und seine Kräfte mit ihm vereinen, auf daß sich nichts anderes in dem Menschen erbilden könne (T I/7).

Aus deinem innersten Grund sollst du alle deine Werke wirken ohne warum

Daß der Mensch seine Werke «um ihrer selbst willen» wirkt und «um keines Warum willen», wird für Meister Eckhart zu einem Kennzeichen des «Menschen, um den es recht steht»:

So, wie Gott ohne Warum wirkt und kein Warum kennt, – ganz in der gleichen Weise, wie Gott wirkt, so auch wirkt der Gerechte ohne Warum; und so, wie das Leben um seiner selbst willen lebt und kein Warum sucht, um dessentwillen es lebe, so auch kennt der Gerechte kein Warum, um dessentwillen er etwas tun würde (P 46). Alle Dinge, die in der Zeit sind, die haben ein Warum. Wer beispielsweise einen Menschen fragte: «War-

um issest du?» – «Damit ich Kraft habe!» – «Warum schläfst du?» – «Zu demselben Zweck!» Und so steht es mit allen Dingen, die in der Zeit sind. Wer aber einen guten Menschen fragte: «Warum liebst du Gott?» – «Ich weiß es nicht, – um Gottes willen!» ... «Warum lebst du?» – «Traun, ich weiß es nicht! (Aber) ich lebe gerne!» (P 49)
Was ist mein Leben? Was von innen her aus sich selbst bewegt wird. Das (aber) lebt nicht, was von außen bewegt wird. Leben wir denn also mit ihm, so müssen wir auch von innen her in ihm mitwirken, so daß wir nicht von außen her wirken; wir sollen vielmehr daraus bewegt werden, woraus wir leben, das heißt: durch ihn (P 5).

Daraus ergibt sich, daß der Mensch, «um den es recht steht», nichts suchen soll mit seinen Werken als Gott allein:

Der Mensch ist allzu habgierig, dem's an Gott nicht genügt. Alle deine Werke sollen damit belohnt sein, daß dein Gott um sie weiß und daß du ihn darin im Sinne hast; das sei dir allzeit genug (T I/16). Ich sage fürwahr: Solange du deine Werke wirkst um des Himmelreiches oder um Gottes oder um deiner ewigen Seligkeit willen, (also) von außen her, so ist es wahrlich nicht recht um dich bestellt. Man mag dich zwar wohl hinnehmen, aber das Beste ist es doch nicht (P 6). Darum, willst du eingebildet und überbildet werden in die Gerechtigkeit, so beabsichtige nichts mit deinen Werken und ziele auf nichts ab weder in Zeit noch in Ewigkeit, weder auf Lohn noch auf Seligkeit noch auf dies oder das; denn ... es ist der Kreatur eigen, daß sie aus *etwas* etwas mache; Gott aber ist es eigen, daß er aus *nichts* etwas macht. Soll daher Gott etwas in dir oder mit dir machen, so mußt du vorher [in deinen Absichten] zu nichts geworden sein. Und darum geh in deinen eigenen Grund und wirke dort (P 25). Aus diesem innersten Grunde sollst du all deine Werke wirken ohne Warum (P 6).

Gerade durch solches Wirken ohne Warum, aus reiner Liebe zu Gott, in dem ich nichts für mich selbst suche, geschieht die Gottesgeburt in mir, «wird der Sohn in uns geboren»:

Ich sage – und es ist wahr: In einem jeglichen guten Gedanken oder guten Bestreben oder guten Werke werden wir allzeit neu geboren in Gott. Darum, wie ich neulich gesagt habe: Der Vater hat nur einen einzigen Sohn, und je weniger wir unser Streben oder Achten auf irgend etwas anderes als auf Gott richten und je mehr wir in nichts nach draußen lugen, um soviel werden wir im Sohn überbildet, und insoweit wird der Sohn in uns geboren (P 46).

Wo du aus deinem Wissen wahrhaft ausgehst, da geht Gott wahrhaft und willig mit seinem Wissen ein

So wie ich all mein Tun, weltliches wie geistliches, immer neu «durchbrechen» muß in seiner Vordergründigkeit – in einer Richtung, um zur Quelle allen Wirkens in mir, also Gott selbst, vorzudringen – in der anderen Richtung, um alles Tun ohne jede Nebenabsicht in Gott selbst einmünden zu lassen – so verdichtet sich das Ganze noch einmal im Blick auf die für das damalige Denken höchste Form menschlichen «Wirkens»: Auch mein Denken, Wissen und Erkennen muß ich zurücklassen:

Darüber erhebt sich für uns folgende Frage: Ob der Mensch diese Geburt wohl finden könne durch gewisse Dinge, die wohl göttlich, aber doch von außen durch die Sinne eingebracht sind, wie gewisse Vorstellungen von Gott, etwa: daß Gott gut sei, weise, barmherzig oder was es sei, das die Vernunft in sich zu schöpfen vermag und das gleichviel wahrhaft göttlich ist: ob man mit allem dem wohl diese Geburt finden könne? Wahrlich, nein! Denn, wiewohl es alles gut und göttlich sein mag, so ist es doch alles von außen durch die Sinne hereingetragen; es muß aber einzig und allein *von innen* herauf aus Gott herausquellen, wenn diese Geburt eigentlich und lauter dort leuchten soll, und dein ganzes Wirken muß zum Erliegen kommen, und alle deine Kräfte müssen dem *Seinen* dienen, nicht dem *Deinen*. Soll dies Werk vollkommen sein, so muß Gott allein es wirken, und du mußt es lediglich erleiden. Wo du aus deinem Willen und *deinem* Wissen wahrhaft ausgehst, da geht Gott wahrhaft und willig mit *seinem* Wissen ein und leuchtet da strahlend. Wo Gott sich so wissen soll, da kann *dein* Wissen nicht bestehen noch dazu dienlich sein. Du darfst nicht wähnen, daß deine Vernunft dazu aufwachsen könne, daß du Gott zu erkennen vermöchtest. Vielmehr: wenn Gott *göttlich* in dir leuchten soll, so hilft dir *dein natürliches Licht* ganz und gar nichts dazu, sondern es muß zu einem lauteren

Nichts werden und sich seiner selbst ganz entäußern; *dann* (erst) kann Gott mit *seinem* Licht einziehen, und er bringt (dann) alles das (wieder) mit sich herein, was du aufgegeben hast und tausendmal mehr, überdies eine neue Form, die alles in sich beschlossen hält (P 59).

So ist es letzten Endes dem Menschen unmöglich, die wahrhafte Einheit mit Gott zu finden durch das, was er von Got weiß und sich im Denken an ihn innerlich vorstellt. Dem namenlosen Gott kann der Mensch nur dort begegnen, wo er ihm in seiner Namenlosigkeit gleicht, im Tiefsten und Innersten seiner Seele. Ebenso gibt es keine bestimmte Weise des Betens oder der Frömmigkeit überhaupt, durch die ich die Gottesgeburt in mir bewirken könnte. Der einzige Weg, der zu diesem Ziel führen kann – wenn es in Gottes Willen liegt – ist der Weg, auf dem ich mich auf keine bestimmte «Weise» festlege und versteife – auch dann nicht, wenn ich durch diese Weise vielleicht bereits einmal die Nähe Gottes spürbar erfahren habe. Auch hier geht es wieder darum, daß ich Gott allein suche, der in jeder guten Weise gefunden werden kann:

Gott hat der Menschen Heil nicht an irgendeine besondere Weise gebunden

Man findet Leute, denen schmeckt Gott wohl in *einer* Weise, nicht aber in der andern, und sie wollen Gott durchaus (nur) in *einer* Weise des Sichversenkens besitzen und in der andern nicht. Ich lasse es gut sein, aber es ist völlig verkehrt (P 5). [Denn] die Seele ist für ein so großes und hohes Gut bestimmt, daß sie drum bei keiner *Weise* sich beruhigen kann, und sie ist allzeit elend, bis sie über alle Weisen hinaus zu dem ewigen Gute kommt, das Gott ist, für das sie geschaffen ist. Hierzu aber ist nicht zu kommen mit Stürmigkeit, wobei sich der Mensch in großer Hartnäckigkeit darauf versteift, dies oder jenes zu tun oder zu lassen, sondern nur mit Sanftmut in treuer Demut und Selbstverleugnung gegenüber diesem wie bei allem, was da anfällt. Nicht also, daß der Mensch sich in den Kopf setze: Dies willst du durchaus tun, was es auch koste! Das ist falsch, denn darin behauptet er sein Selbst (P 48).

Deshalb ist es meine Aufgabe, jede Bindung an eine bestimmte Form der Frömmigkeit, jede Vorliebe für eine bestimmte Art des Vollzuges in christlichem Dasein loszulassen und mich Gott auch darin völlig zu überlassen, daß er mir gerade die «Weise» zugeordnet hat, die für mich die beste ist:

Wenn der Mensch alles tun wollte, dies und jenes, und von *seiner* Weise lassen und eines anderen Weise annehmen, die ihm just gerade viel besser gefiele, fürwahr, das schüfe große Unbeständigkeit (T I/22). Wechsel der Weise macht Weise und Gemüt unstet (T I/17). [Deshalb] ergreife der Mensch *eine* gute Weise und bleibe immer dabei und bringe in sie alle guten Weisen ein und erachte sie als von Gott empfangen und beginne nicht heute eines und morgens ein anderes und sei ohne alle Sorge, daß er darin je irgend etwas versäume. Denn mit Gott kann man nichts versäumen (T I/22). Was dir die *eine* Weise zu geben vermag, das kannst du auch in der anderen erreichen, dafern sie nur gut und löblich ist und Gott allein im Auge hat (TI/17). Denn der Mensch muß jeweils nur eines tun, er kann nicht alles tun. Es muß je Eines sein, und in diesem Einen muß man alle Dinge ergreifen (TI/22). Ein jeder behalte *seine gute* Weise und beziehe *alle* (anderen) Weisen darin ein und ergreife in *seiner* Weise *alles Gute* und *alle Weisen* (TI/17). Denn Gott hat der Menschen Heil nicht an irgendeine besondere Weise gebunden (TI/17).

Das ist das Ziel der Gelassenheit allen «Weisen» gegenüber: daß ich in *jeder* Form des Betens oder Dienens und in *jedem* inneren Zustand Gott gleich nahe bleibe. Das schließt nun nicht aus, sondern erfordert es im Gegenteil, daß ich mich jeweils um *die* Weise bemühe, die Gott *mir* zugedacht hat, weil sie für *mich* die beste ist. Aber dieses zu erkennen wird mir erst dann gelingen, wenn ich jede «Ich-Bindung»an irgendeine selbstgesuchte Weise losgelassen habe. Erst die innere Lösung von jeder Wertung und jeder Gebundenheit an bestimmte Weisen macht mich dafür frei, Gott in *jeder* Weise nachzufolgen und die Weise zu finden, die Gott mir zugedacht hat:

[Gott] hat es mehr abgesehen auf unsere Liebe als auf unsere Werke. Wir sollen ihm je auf *eigene* Weise nachfolgen.
Wie denn? ...
Christus hat vierzig Tage gefastet. Darin folge ihm damit, daß du darauf achtest, wozu du am meisten geneigt oder bereit bist: auf *das* verlege dich und achte scharf auf dich selbst. Es gebührt dir oft, *davon* mehr und unbekümmert abzulassen, als daß du dich ganz *aller* Speise enthältst. So auch ist's dir manchmal schwerer, ein Wort zu

verschweigen, als daß man sich überhaupt aller Rede enthalte. Und so fällt es einem Menschen manchmal auch schwerer, ein kleines Schmähwort, das nichts auf sich hat, hinzunehmen, als vielleicht einen schweren Schlag, auf den er sich gefaßt gemacht hat, und es ist ihm viel schwerer, allein zu sein in der Menge als in der Einöde, und es ist ihm oft schwerer, etwas Kleines zu lassen als etwas Großes, und ein kleines Werk zu verrichten als eines, das man für groß erachtet. So kann der Mensch in seiner Schwachheit unserm Herrn recht wohl nachfolgen und kann noch braucht sich nicht für weit von ihm entfernt zu halten (TI/17). [Deshalb] achte darauf, in was deine Nachfolge bestehen kann. Du mußt erkennen und darauf gemerkt haben, wozu du von Gott am stärksten gemahnt seist; denn mitnichten sind die Menschen alle auf *einen* Weg zu Gott gerufen (TI/17).

Die Bindung an erfahrene Formen der Gottesnähe loszulassen, kann zum Schwersten gehören, was dem Christen auf dem Weg des Sich-lassens auferlegt werden kann. Da der Mensch Gott in seiner letzten Unergründlichkeit nicht erfahrbar erleben kann, erscheint ihm die Wirklichkeit Gottes, wie er sie in den verschiedenen «Weisen» erleben kann, als Gott selbst. Muß er sich lösen von solchen bestimmten Weisen, erscheint es ihm so, als müsse er damit Gott selbst aufgeben. Meister Eckhart prägt deshalb das Wort, daß der Mensch «Gott um Gottes willen lassen» müsse:

Das Höchste und Äußerste, was der Mensch lassen kann, das ist, daß er Gott und Gottes Willen lasse

Nichts liegt dem Menschen so nahe, wie das «Kleid», in dem Gott ihm begegnet, für Gott selbst zu nehmen. Eigentlich sind alle unsere Gotteserfahrungen nichts anderes als ein Erleben dieses «Kleides» Gottes – aber gerade, wenn wir uns daran klammern, wenn wir die Form festhalten wollen, in der uns Gott begegnet ist, haben wir noch nicht alles gelassen, so daß uns auch alles, nämlich Gott, wie er in sich selbst ist, zuteil werden könnte. Was aber der Mensch «Gott» nennt, ist immer nur seine Vorstellung von ihm:

Wäre ich nicht, so wäre auch «Gott» nicht: daß Gott «Gott» ist, dafür bin ich die Ursache; wäre ich nicht, so wäre Gott nicht «Gott». Dies zu wissen ist nicht not (P 32).

Hier erleben wir Meister Eckhart wieder in seinem Bemühen, das eigentlich Unsagbare zu sagen, indem er das Sagbare bis zu einer Konsequenz auszieht, wo es zum Paradox wird:

Nun bitte ich euch: vernehmt bei der ewigen Wahrheit und bei der immerwährenden Wahrheit und bei meiner Seele! Wieder will ich sagen, was ich (noch) nie gesagt habe: Gott und Gottheit sind so weit voneinander verschieden wie Himmel und Erde (P 26).

Dabei versteht Eckhart unter «Gottheit» Gott, wie er in sich selbst ist, «Gott» aber ist das Bild, in dem der Mensch Gott zu fassen versucht. Immer neu geht es um das Loslassen dieses Bildes:

Das Höchste und das Äußerste, was der Mensch lassen kann, das ist, daß er Gott um Gottes willen lasse (P 13).

Was ist gemeint? Daß der Mensch immer neu sein Bild, das er sich von Gott gemacht hat, sein Erleben, in dem ihm Gott nahe gekommen ist, loslassen muß, um Gott so zu finden, wie er in sich selbst ist. Meister Eckhart ist sich dessen wohl bewußt, daß er in Paradoxen redet, wenn er sagt, daß der Mensch «Gott lassen müsse» – «um Gottes willen»:

Du mußt wissen, daß der gute *Wille* Gott gar nicht verlieren *kann*. Wohl aber vermißt ihn das Empfinden des Gemütes zuweilen und wähnt oft, Gott sei fortgegangen. Was sollst du dann tun? Genau dasselbe, was du tätest, wenn du im größten Trost wärest; dasselbe lerne tun, wenn du im größten Leiden bist, und verhalte dich ganz so, wie du dich dort verhieltest. Es gibt keinen gleich guten Rat, Gott zu finden, als ihn dort zu finden, wo man ihn fahrenläßt. Und wie dir war, als du ihn zuletzt hattest, so tu auch nun, da du ihn vermissest, so findest du ihn (T I/11).

Meister Eckhart ist konsequent: Daß ich das Hundertfache für das empfange, was ich um Gottes willen lasse, das gilt nicht nur für äußeres Gut. Ich muß es ebenso auf die inneren Gnadengüter beziehen:

Wäre der Mensch so in Verzückung, wie's Sankt Paulus war, und wüßte einen kranken Menschen, der eines Süppleins von ihm bedürfte, ich erachtete es für weit besser, du ließest aus Liebe von

der Verzückung ab und dientest dem Bedürftigen in größerer Liebe.
Nicht soll der Mensch wähnen, daß er dabei Gnaden versäume: denn was der Mensch aus Liebe willig läßt, das wird ihm um vieles herrlicher zuteil, wie Christus sprach: «Wer etwas läßt um meinetwillen, der wird hundertmal soviel zurückerhalten» (Mt 19,29) (T I/10).

Daraus ergibt sich dann für Meister Eckhart die Frage, wieweit der Mensch aktiv solches Loslassen der Formen, in denen er Gott erfahren hat und gespürt hat, üben darf – liegt darin nicht auch eine Gefahr beschlossen?

Eine Frage: Soll man sich auch alles süßen Gottgefühls mit Willen entschlagen? Kann das dann nicht auch wohl aus Trägheit und geringer Liebe zu ihm herrühren?
Ja, gewiß wohl: wenn man den Unterschied übersieht. Denn, komme es nun von Trägheit oder von wahrer Abgeschiedenheit oder Gelassenheit, so muß man darauf achten, ob, wenn man innerlich so ganz gelassen ist, man sich in diesem Zustande so erfindet, daß man dann Gott genau so treu ist, wie wenn man im stärksten Empfinden wäre, daß man auch in diesem Zustande alles das tue, was man in jenem täte und nicht weniger, und daß man sich aller Tröstung und aller Hilfe gegenüber ebenso ungebunden halte, wie man's täte, wenn man Gott gegenwärtig empfände (T I/21).

Nie geht es bei Meister Eckhart um irgendwelche asketische Übungen, die er sich selbst auferlegt hat.

Das Leben selbst in seiner Weite und Fülle ist der Übungsstoff, das Material, an dem ich mich einüben kann, mich Gott völlig zu überlassen. Das schließt nichts aus, nicht einmal die Erfahrung der Schwachheit, der Sünde und der Schuld. Gerade hier erlebt er selbst die härteste Konsequenz seiner Überzeugung, daß der Mensch Gott um Gottes willen lassen müsse.

Du sollst Gott darin recht vertrauen, daß er dich nicht hat in Sünden fallen lassen, ohne dein Bestes daraus ziehen zu wollen

In sein innerstes Herz läßt uns Meister Eckhart schauen, wenn er ausruft:

Leid und das größte Leid habe ich wegen der Sünde – denn ich täte um alles, was geschaffen oder erschaffbar ist, auch wenn es in Ewigkeit tausend Welten geben könnte, keine Sünde (T II/2).

Das gleiche leidenschaftliche Engagement gegen jede Form der Sünde erwartet er von seinen Predigthörern:

Nicht soll der Mensch Sünde tun *wollen*, nicht um alles, was in Zeit oder in Ewigkeit geschehen mag, weder tödliche noch läßliche noch irgendwelche Sünde (T I/12).

Diese Worte muß man ständig im Ohr und im Herzen behalten, wenn man das folgende nicht völlig mißverstehen will. Auch einem Meister Eckhart bleibt nämlich die Erfahrung nicht erspart, daß man «von solchen Vorfällen» der Sünde und des Versagens «im Leben nie ganz verschont bleiben kann» (T I/11). Jedoch findet er sich nicht damit ab, sondern er versucht, auch diese Erfahrung von Gott her zu verarbeiten. Selbst diesen Erfahrungsbereich schließt der Weg der Gelassenheit mit ein. Der erste der folgenden Sätze wurde von der Bulle als häretisch verurteilt, weil man ihn – losgelöst aus dem Gesamtgedanken Eckharts – notwendig mißverstehen muß:

Ja, wer recht in den Willen Gottes versetzt wäre, der sollte nicht wollen, daß die Sünde, in die er gefallen, nicht geschehen wäre. Freilich nicht im Hinblick darauf, daß sie gegen Gott gerichtet war, sondern, sofern du dadurch zu größerer Liebe gebunden und du dadurch erniedrigt und gedemütigt bist ... Du sollst aber Gott darin recht vertrauen, daß er dir's nicht hat widerfahren lassen, ohne dein Bestes daraus ziehen zu wollen ... Alle Unbill und Schmach, die Gott durch alle Sünden widerfahren könnten, die will er gern erleiden und viele Jahre erlitten haben, auf daß nur der Mensch hernach zu einer großen Erkenntnis seiner Liebe komme und damit seine eigene Liebe und Dankbarkeit um so größer und sein Eifer um so feuriger werde, wie das ja natürlicherweise und oft nach den Sünden geschieht (T I/12).
Nur deshalb läßt der getreue Gott zu, daß seine Freunde oft in Schwachheit fallen, damit ihnen aller Halt abgehe, auf den sie sich hinneigen oder stützen könnten. Denn es wäre für einen liebenden Menschen eine große Freude, wenn er viele und große Dinge vermöchte, sei's im Wachen, im Fasten oder in anderen Übungen, sowie in besonderen, großen und schweren Dingen; dies ist ihnen eine große Freude, Stütze und Hoffnung,

so daß ihnen ihre *Werke* Halt, Stütze und Verlaß sind. (Gerade) das (aber) will unser Herr ihnen wegnehmen und will, daß er allein ihr Halt und Verlaß sei. Und das tut er aus keinem anderen Grunde als aus seiner bloßen Güte und Barmherzigkeit. Denn Gott bewegt nichts (anderes) zu irgendeinem Werke als seine eigene Güte; nichts frommen *unsere Werke* dazu, daß Gott uns etwas gebe oder tue. Unser Herr will, daß seine Freunde davon loskommen, und deshalb entzieht er ihnen solchen Halt, auf daß er allein ihr Halt sei. Denn er will ihnen Großes geben und will's rein nur aus seiner freien Güte; und *er* soll ihr Halt und Trost sein, sie aber sollen sich als ein reines Nichts erfinden und erachten in all den großen Gaben Gottes. Denn je entblößter und lediger das Gemüt Gott zufällt und von ihm gehalten wird, desto tiefer wird der Mensch in Gott versetzt, und um so empfänglicher wird er Gottes in allen seinen kostbarsten Gaben, denn einzig auf Gott soll der Mensch bauen (TI/19).

Aus solchen Gedankengängen heraus kommt Eckhart dann zu folgendem Schluß:

Hast du Gebresten, so bitte Gott immer wieder, ob es nicht seine Ehre sei und es ihm gefalle, daß er sie dir abnehme, denn ohne ihn vermagst du nichts. Nimmt er sie (dir) ab, so danke ihm; tut er's aber nicht, nun, so erträgst du's um seinetwillen, jedoch (nun) nicht (mehr) als das Gebresten einer Sünde, sondern als eine große Übung, mit der du Lohn verdienen und Geduld üben sollst (TI/23).

Dem Gesagten braucht man kaum mehr etwas hinzuzufügen. Wo immer sich für den Menschen eine Möglichkeit bietet, sich selbst loszulassen, indem er das losläßt, was nicht Gott selbst ist, wo immer er Gott allein sucht, bewegt er sich auf Gott zu, öffnet er sich für Gott, um sich mehr und mehr von ihm erfüllen und durchdringen zu lassen. Wer sich gelöst hat von jeder Bindung, ist damit frei für das Wichtigste: den Willen Gottes zu erfüllen. Das aber vermag niemand, als wer seinen eigenen Willen gelassen hat. Deshalb zielt bei Meister Eckhart alles Ringen um Gelassenheit dahin: Daß der Mensch seinen eigenen Willen aufgebe und allein den Willen Gottes suche, denn das Ziel alles Sich-lassens ist für Eckhart nichts anderes als bedingungsloses Freisein für den «allerliebsten Willen Gottes»:

Käme es dahin, daß wir unseren ganzen Willen aufgäben, so hätten wir alles getan und eher nicht

Darauf zielt Gott in allen Dingen, daß wir den Willen aufgeben. Als Sankt Paulus viel mit unserm Herrn redete und unser Herr viel mit ihm, da trug das alles nichts ein, bis er den Willen aufgab und sprach: «Herr, was willst du, daß ich tue?» (Apg 9,6) ... Wahrhaftig, ohne Aufgabe des Willens in allen Dingen schaffen wir überhaupt nichts vor Gott. Käme es aber so weit, daß wir unsern ganzen Willen aufgäben und uns aller Dinge, äußerlich und innerlich, um Gottes willen zu entschlagen getrauten, so hätten wir *alles* getan, und eher nicht (T I/11).

Wo immer Gott einen Menschen findet, der seinen Willen «gelassen» hat, kann er diesen nach seiner Liebe prägen:

Sankt Hieronymus sagt, daß ein reines Wachs, das ganz weich ist und gut dazu, alles daraus zu bilden, was man soll und will, alles das in sich beschlossen hält, was man daraus bilden kann, wenngleich auch äußerlich sichtbar niemand irgend etwas daraus bildet … So habe ich denn auch oben geschrieben, daß der gute Mensch bereits jetzt im Himmel und auf Erden alles das getan *hat*, was er tun *wollte* (TII/2). [Deshalb] soll der Mensch über nichts groß erschrecken, solange er sich in einem guten Willen findet, noch soll er sich betrüben, wenn er ihn nicht in Werken zu vollbringen vermag; wiederum soll er sich nicht als fern von der Tugend achten, wenn er einen rechten, guten Willen in sich findet, denn die Tugend und alles Gute liegt im guten Willen. Dir kann's an nichts gebrechen, wenn du einen wahren, rechten Willen hast … Was du kräftig und mit ganzem Willen willst, das hast du, … wenn anders der Wille ein ganzer und ein recht göttlicher Wille und auf die Gegenwart gerichtet ist. Nicht also: «Ich möchte nächstens», das wäre noch erst zukünftig, sondern: «Ich will, daß es jetzo so sei!» Hör zu: Wäre etwas tausend Meilen weit weg, will ich es haben, so habe ich's eigentlicher als das, was ich in meinem Schloß habe und nicht haben will (TI/10).

Mein Wille ist das Zentrum meines Wesens. Deshalb habe ich mich selbst erst dort völlig gelassen, wo ich meinen Willen gelassen habe. Wer aber in rechter Gelassenheit des Willens stünde, der wäre allzeit im Frieden:

Niemals steht ein Unfriede in dir auf, der nicht

aus dem Eigenwillen kommt, ob man's nun merke oder nicht ... Darum fang zuerst bei dir selbst an und *laß dich!* Wahrhaftig, fliehst du nicht zuerst dich selbst, wohin du sonst fliehen magst, da wirst du Hindernis und Unfrieden finden, wo immer es auch sei. Die Leute, die da Frieden suchen in äußeren Dingen, sei's an Stätten oder in Weisen, bei Leuten oder in Werken, in der Fremde oder in Armut oder in Erniedrigung – wie eindrucksvoll oder was es auch sei, das ist dennoch alles nichts und gibt keinen Frieden. Sie suchen völlig verkehrt, die so suchen. Je weiter weg sie in die Ferne schweifen, um so weniger finden sie, was sie suchen. Sie gehen wie einer, der den Weg verfehlt: je weiter der geht, um so mehr geht er in die Irre. Aber, was soll er denn tun? Er soll zuerst sich selbst lassen, dann hat er alles gelassen (TI/3).

Wahrer Gehorsam bewirkt allwegs das Allerbeste in allen Dingen

Dieses Lassen meines Eigenwillens geschieht nun nicht in eine unbestimmte Leere, in ein «Nichts» hinein, sondern im Sinn Eckharts «lasse» ich mich dort, wo ich mich aktiv darum mühe, meinen Willen dem Willen Gottes anzugleichen. Mit dem Begriff des *Gehorsams* macht Eckhart deutlich, worauf alles ankommt:

Wahrer und vollkommener Gehorsam ist eine Tugend vor allen Tugenden, und kein noch so großes Werk kann geschehen oder getan werden ohne diese Tugend ... Nimm wiederum ein Tun, so geringwertig du nur willst, es sei, was es auch sei: wahrer Gehorsam macht es dir edler und besser. Gehorsam bewirkt allwegs das Allerbeste in allen Dingen. Fürwahr, der Gehorsam stört nie und behindert nicht, was einer auch tut, bei nichts, was aus *wahrem* Gehorsam kommt; denn *der* versäumt nichts Gutes. Gehorsam braucht sich nimmer zu sorgen, es gebricht ihm an keinem Gute (T I/1).

So wird auch der konkrete Gehorsam, den der Ordensmann seinen Oberen gegenüber versprochen hat, zu einer Einübung in einen Vollzug, den jeder Mensch, «um den es recht steht», als das Wichtigste in seinem Leben anstreben sollte:

In wahrem Gehorsam darf kein «Ich will so oder so» oder «dies oder das» gefunden werden, sondern nur vollkommenes Aufgeben des Deinen. Und darum soll es im allerbesten Gebet, das der Mensch beten kann, weder «Gib mir diese Tugend oder diese Weise» noch «Ja, Herr, gib mir dich selbst oder ewiges Leben» heißen, sondern nur «Herr, gib mir nichts, als was du willst, und tue, Herr, was und wie du willst in jeder Weise!» Dies übertrifft das erste (Gebet) wie der Himmel die Erde; und wenn man das Gebet so verrichtet, so hat man wohl gebetet: wenn man in wahrem Gehorsam aus seinem Ich ausgegangen ist in Gott hinein. Und so wie wahrer Gehorsam kein «Ich will so» kennen soll, so soll auch niemals von ihm vernommen werden «Ich will nicht»; denn «Ich will nicht» ist wahres Gift für jeden Gehorsam. Wie denn Sankt Augustin sagt: «Den getreuen Diener Gottes gelüstet nicht, daß man ihm sage oder gebe, was er gern hörte oder sähe;

denn sein erstes, höchstes Bestreben ist zu hören, was Gott am allermeisten gefällt (T I/1).

So findet Meister Eckhart mit der Aufgabe des Gehorsams, der in jeder Situation des Lebens das «Ja, Vater» und das «Dein Wille geschehe» zu sprechen versucht, den Kernpunkt für das rechte Stehen des Menschen vor Gott:

In Gottes Willen *sind* alle Dinge und sind *etwas*, sind Gott wohlgefällig und sind vollkommen; *außerhalb* des Willens Gottes (hingegen) sind alle Dinge *nichts* und gefallen Gott *nicht* und sind *un*vollkommen (P 48).

Mit den Gedanken, die um solchen Gehorsam Gott gegenüber kreisen, beugt Meister Eckhart einem Mißverständnis vor, das sich leicht einschleichen könnte, wenn man manche der Stellen über die Gelassenheit aus dem Gesamtzusammenhang der Eckhart'schen Verkündigung herauslöst: Eckhart ist weit entfernt davon, mit der Gelassenheit eine müde, ja resignierte Haltung zu meinen, eine Passivität, die sagt: «Mag kommen, was kommen will, ich kann und soll ja doch nichts daran ändern!» Gelassenheit im Sinne Eckharts fordert die letzte und höchst mögliche Aktivität des Menschen. Denn immer geht es darum, unter den vielen verschiedenen Möglichkeiten, die sich anbieten, diejenige herauszuspüren, die dem Willen Gotes für mich hier und jetzt («im gegenwärtigen Nun») entspricht. Das Gespür aber dafür schenkt die Liebe:

Solange der Mensch hungert, solange schmeckt ihm die Speise; und je größer der Hunger ist, um so befriedigender ist's ihm, wenn er ißt. So auch geht es denen, die da hungern nach Gerechtigkeit und nach dem Willen Gottes; denen schmeckt sein Wille so gut, und alles, was Gott will und was er über sie verhängt, das behagt ihnen wohl ... *So* wohl gefällt ihnen der liebste Wille Gottes (P 46).

Solche Höhen erreicht der Mensch, auch der begnadete Mensch, nie in einem Anlauf. Alle Verkündigung Meister Eckharts durchzieht sein Anliegen, daß der Mensch «üben» muß und in seinen Anstrengungen nie nachlassen darf. Er spricht von «anhebenden», «ungeübten» und «ungwöhnten» Menschen, die er unterscheidet von denen, die bereits eine «wohlgeübte Abgeschiedenheit» haben. Doch niemals kommt man mit diesem Mühen in seinem Leben an ein Ende:

Nie hat sich ein Mensch in diesem Leben so gelassen, daß er sich nicht noch mehr lassen müßte

Vor allen Dingen muß der Mensch darauf sehen, daß er sich selbst fest und recht gewöhne. Wollte sich ein ungewöhnter und ungeübter Mensch so halten und so handeln wie ein gewöhnter, der würde sich ganz und gar verderben, und es würde nichts aus ihm. Wenn sich der Mensch erst einmal aller Dinge selbst entwöhnt und sich ihnen entfremdet hat, so mag er hinfort dann umsichtig alle seine Werke wirken und sich ihnen unbekümmert hingeben oder sie entbehren ohne alle Behinderung (T I/21).

Doch auch der «geübte» Mensch darf nie denken, er habe das Ziel, die Gelassenheit, bereits erreicht. Wie leicht kann er sich selbst täuschen – wie leicht kann er aus der schon errungenen Gelassenheit wieder herausfallen!

Traun, nun genügt's (aber) nicht, daß des Menschen Gemüt in einem eben gegenwärtigen Zeitpunkt, da man sich Gott (gerade) verbinden will, abgeschieden sei, sondern man muß eine wohlgeübte Abgeschiedenheit haben, die (schon) vorausgeht wie (auch) nachdauert; (nur) dann kann man große Dinge von Gott empfangen und Gott in den Dingen (TI/21). Wäre dagegen ein Mensch zwanzig Jahre lang gelassen und nähme sich selbst auch nur einen Augenblick zurück, so ward er noch nie gelassen. Der Mensch, der gelassen hat und gelassen ist und der niemals mehr nur einen Augenblick auf das sieht, was er gelassen hat, und beständig bleibt, unbewegt in sich selbst und unwandelbar, – *der* Mensch allein ist gelassen (P 13).
Du mußt wissen, daß sich noch nie ein Mensch in diesem Leben so weitgehend gelassen hat, daß er nicht gefunden hätte, er müsse sich noch mehr lassen. Der Menschen gibt es wenige, die das recht beachten und darin beständig sind (TI/4). [Deshalb:] Solange lerne man sich lassen, bis man nichts Eigenes mehr behält (TI/21).

Ist das aber dem Menschen hier auf dieser Erde überhaupt möglich? Wird hier nicht doch vielleicht ein Weg der Selbsterlösung vorgelegt, den der Mensch gar nicht zu gehen vermag? Gerade an dieser Stelle unterscheidet sich Meister Eckhart grundsätzlich von dem Weg des Zen, der die Selbsterlösung des Menschen anstrebt. Der Christ Eckhart weiß, daß es kein Tun des Menschen gibt, das nicht schon umgriffen wäre von der Gnade Gottes, die dieses Tun überhaupt erst ermöglicht, mag das Werk des Menschen auch noch so groß sein:

Gott will dieses Werk selbst wirken, der Mensch braucht nur zu folgen und in nichts zu widerstehen

Ich erschrecke oft, wenn ich von Gott reden soll, *wie* völlig abgeschieden die Seele sein muß, die zu jener Einswerdung kommen will. Das aber darf (doch) niemandem unmöglich dünken. Es ist *der* Seele nicht unmöglich, die Gottes Gnade besitzt. Keinem Menschen fiel je etwas leichter, als (es) der Seele, die Gottes Gnade besitzt, (fällt,) alle Dinge zu lassen (P 33). [Deshalb] soll niemand glauben, daß es schwer sei, hierzu zu gelangen, wenngleich es schwer klingt und auch schwer *ist* am Anfang und im Abscheiden und Absterben gegenüber allen Dingen. Aber, wenn man (erst) hineinkommt, so hat es nie ein leichteres, lustvolleres und liebenswerteres Leben gegeben. Denn Gott ist sehr beflissen, allzeit bei dem Menschen zu sein, und belehrt ihn, auf daß er ihn zu sich bringe, wenn anders er folgen will (P 36).

Dieses Folgen ist nichts anderes als ein Mitwirken mit Gottes Gnade, die sich in meinem Tun auswirkt:

Das kommt von der *Gnade* Gottes: die erhebt die Seele auf zu Gott und vereinigt sie mit ihm und macht sie gottförmig. Soll die Seele göttlich sein, so muß sie emporgehoben sein. Sollte ein Mensch bis hinauf auf einen Turm reichen, so müßte er so hoch emporgehoben sein, wie der Turm ist: so auch muß die Gnade die Seele bis zu Gott erheben. Der Gnade Werk ist, zu ziehen und bis ans Ende zu ziehen, und wer ihr nicht folgt, der wird unglücklich (P 54). Nun denn: Gott will dieses Werk selbst wirken, der Mensch braucht nur zu folgen und in nichts zu widerstehen (P 39).

Das aber gerade versteht der Mensch so selten, daß es im letzten auch hier keinen Unterschied gibt zwischen meinem Tun und dem Wirken der Gnade Gottes, weil in Gott alles «Eins» ist:

Du möchtest gern zu *einem* Teil durch *dich* und zum *andern* Teil durch *ihn* bereitet werden, was doch nicht sein *kann*. Du kannst nimmer so schnell an das Bereiten denken oder nach ihm begehren, daß Gott nicht schon vorher da wäre, auf daß *er* dich bereite. Angenommen aber nun, es *sei* verteilt: das Bereiten sei *dein* und das Einwirken oder Eingießen sei *sein,* was gleichviel unmöglich ist, – so wisse (jedenfalls), daß Gott wirken und eingießen *muß,* sobald er dich befreit findet (P 59).

An dieser Stelle – wie auch sonst gelegentlich – begegnet uns bei Eckhart der Ausdruck, daß Gott etwas tun «*muß*». Solch eine Aussage mag befremden, wenn man sich nicht deutlich macht, daß dieses «Muß» nichts anderes meint als eine innere Notwendigkeit, die im tiefsten Wesen der Liebe Gottes begründet ist:

Ebenso sage ich von dem Menschen, der sich zunichte gemacht hat in sich selbst, in Gott und in allen Kreaturen: Dieser Mensch hat die unterste Stätte bezogen, und in diesen Menschen *muß* sich Gott ganz und gar ergießen, oder – er ist nicht Gott. Ich sage bei der ewigen und immerwährenden Wahrheit, daß Gott sich in einen jeglichen Menschen, der sich bis auf den Grund gelassen hat, seinem ganzen Vermögen nach völlig ergießen muß, so ganz und gar, daß er in seinem Leben, in seinem Sein, in seiner Natur noch auch in seiner ganzen Gottheit nichts zurückbehält: das *alles* muß er in befruchtender Weise ergießen in *den* Menschen, der sich Gott gelassen und die unterste Stätte bezogen hat (P 34).

Was diese Gelassenheit nun in ihrer letzten Vollendung meint, verdichtet sich noch einmal dort, wo wir hineinblicken in die Sicht des Leidens, die uns Meister Eckhart vermitteln möchte: Für den Christen kann *jede* Form des Leides und Schmerzes eine neue Dimension annehmen.

Die Leidensmeditation oder die Leidensmystik Meister Eckharts erwächst wie eine seltene, kostbare Blume aus dem Erdreich seiner Frömmigkeit, wie sie uns in dem bisher Dargelegten begegnete. All das ist Grundlage dafür, um Eckharts Sicht des Leidens wenigstens ahnend verstehen und nachvollziehen zu können. Wenn irgendwo, dann gilt es bei diesen Gedanken, daß ein Verstehen nur dann möglich ist, wenn wir uns mitnehmen lassen in seine neue Sicht der Wirklichkeit:

Das erkennt und wird gewahr, wer es *in der Wahrheit* sieht und schaut, denn es ist in der Wahrheit wahr, und drum muß man es *dort* und nirgends anders gewahr werden (T II/2).

Dort «in der Wahrheit» aber verändern sich alle scheinbar fraglos gültigen Maßstäbe. Das macht die Leidensmystik Eckharts jedem deutlich, der sich auf sie einzulassen versucht.

IV. FASZINIERT VON DER CHANCE, DIE FÜR DEN CHRISTEN IM ANGENOMMENEN LEIDEN LIEGT

Weshalb läßt Gott es zu, daß seine Freunde nicht beständig ohne Unterlaß im Leiden stehen?

Der Frage nach der Bedeutung des Leidens für den Christen widmet Meister Eckhart eine ganze Schrift, die man als «die bedeutendste und reifste» seiner deutschen Schriften bezeichnet hat: *«Das Buch der göttlichen Tröstung»*. Was er dort sagt und meditiert, durchzieht auch viele seiner Predigten. Hinter seinen dargelegten Gedanken steht eine Frage, die ihn – vermag man zwischen den Zeilen zu lesen – wohl lange umgetrieben haben mag. Sie läßt jeden Hörer oder Leser zuerst aufhorchen, ob er auch richtig verstanden hat. Es ist die Frage: Weshalb läßt Gott es zu, daß «gute Menschen» oft so wenig Leid und Schmerz erfahren?

Eckhart sucht nach dem Grund dafür, warum Gott seine Freunde vielen und großen Leidens enthebt (TI/18). Und im Blick auf das Wort Jesu: «Selig sind, die da leiden um der Gerechtigkeit willen» (Mt 5,10), fagt er:

Wie kann der die Güte liebende Gott es zulassen, daß seine Freunde, gute Menschen, nicht beständig ohne Unterlaß im Leiden stehen (T II/2), weil ja doch so viel und so großer Segen im Leiden liegt und er die Seinen nichts Gutes versäumen lassen will (TI/18)?

Wie mag jemand überhaupt dazu kommen, so zu fragen? Fragt doch der Mensch gewöhnlich genau umgekehrt: Weshalb läßt es Gott zu, daß seine Freunde so viel leiden müssen? Eckharts hohe Wertschätzung des Leidens um Gottes willen ist durchaus biblisch begründet, wenn er auch die Stellen auf seine Art auslegt:

An der Stelle, wo Sankt Paulus schreibt, wie viele Heiligen mancherlei große Pein erduldet haben, da sagt er, daß die Welt dessen nicht würdig war (Hebr 11,36ff.). Und dieses Wort ... will besagen, daß diese Welt, das heißt die Leute, die diese Welt lieben, nicht wert sind, daß sie Leid und Ungemach um Gottes willen leiden. Darum steht geschrieben, daß die heiligen Apostel sich darüber freuten, daß sie würdig waren, für Gottes Namen Pein zu erdulden (Apg 5,41) (T II/2).

Was aber können wir heute überhaupt noch damit anfangen, wenn ein Mensch vom Segen des Leidens spricht? Empfinden wir solch eine Aussage nicht wie eine Gotteslästerung – wir, die wir in unseren Tagen solch eine unübersehbare Fülle menschlichen Leidens und Schmerzes über die Menschheit haben kommen sehen? Angesichts mancher Worte Meister Eckharts muß in uns die Frage aufwachen: Lebt dieser Mann etwa so abgeschirmt hinter seinen Klostermauern, daß er die wirkliche Not menschlichen Lebens gar nicht selbst kennt und nun seine Leidenslehre als eine Form der Rechtfertigung des Leidens vom grünen Tisch aus lehrt? Kann er es vor Gott und Menschen verantworten, so scheinbar leichtfertig von menschlichem Schmerz und menschlicher Not zu sprechen?
Oder wir mögen uns fragen, ob dieser Meister versucht, uns einen Weg zu führen, der den Menschen mehr und mehr unempfindlich machen will gegenüber dem Schmerz und Leid dieser Welt? Ist seine Lehre ausgerichtet auf eine Form der Weltflucht, wie sie uns

etwa in dem Ziel der Stoiker begegnet, «apathisch», d.h. mehr und mehr ohne Leidensempfindung zu leben? Steht Eckhart mit diesem Anliegen vielleicht der Lehre des Buddhismus, die Ähnliches anstrebt, näher als dem Christentum, dessen Mitte das Leiden Jesu Christi ist?
Die Klärung dieser Grundfrage ist eine notwendige Voraussetzung, ehe man sich näher auf die Eckhart'sche Leidensmystik einlassen kann. Ihre Lösung ist Voraussetzung dafür, daß wir Menschen heute überhaupt hinzuhören vermögen auf das, was er sagt.

Einen Heiligen, dem Pein nicht wehe täte, hat es noch nie gegeben. Und niemals wird es einer dahin bringen

Die Art und Weise, *wie* Meister Eckhart vom Leiden spricht, läßt uns spüren, daß er es fraglos aus eigener Erfahrung kennt. Zu dieser eigenen Erfahrung kommt seine Praxis als Seelsorger und Beichtvater, die ihn – wie jeden anderen Priester, der sein Amt ernst nimmt – notwendig immer neu mit der Tiefe menschlicher Not und Verzweiflung in Berührung gebracht haben muß.

Nun sagen unsere biederen Leute, man müsse so vollkommen werden, daß uns keinerlei Freude mehr bewegen könne und man unberührbar sei für Freude und Leid. Sie tun unrecht daran. *Ich* (aber) sage, daß es nie einen noch so großen Heiligen gegeben hat, der nicht hätte bewegt werden können. Indessen sage ich demgegenüber auch: Wohl wird es dem Heiligen (schon) in diesem Leben zuteil, daß ihn nichts von Gott abzubringen vermag. Ihr wähnt, solange Worte euch zu Freude und Leid zu bewegen vermögen, seiet ihr unvollkommen? Dem ist nicht so!

(Selbst) Christus war *das* nicht eigen; das ließ er erkennen, als er sprach: «Meine Seele ist betrübt bis in den Tod» (Mt 26,38). Christus taten Worte so weh, daß, wenn aller Kreaturen Weh auf eine (einzige) Kreatur gefallen wäre, dies nicht so schlimm gewesen wäre, wie es Christus weh war; und das kam vom Adel seiner Natur und von der heiligen Vereinigung göttlicher und menschlicher Natur (in ihm). Daher sage ich: Einen Heiligen, dem Pein nicht wehe täte und Liebes nicht wohl, hat es noch nie gegeben, und niemals wird es einer dahin bringen ... Wohl bringt es ein Heiliger dahin, daß ihn nichts von Gott abzubringen vermag, so daß, obzwar das Herz gepeinigt wird, ... der Wille doch einfaltiglich in Gott verharrt und spricht: «Herr, ich (gehöre) dir und du mir!» Was immer dann (in einen solchen Menschen) einfällt, das behindert nicht die ewige Seligkeit, dieweil es nicht den obersten Wipfel des Geistes befällt dort oben, wo er mit Gottes allerliebstem Willen vereint steht (P 28).

Meister Eckhart war kein Stoiker dem Leiden gegenüber und wollte es niemals sein. Was er schreibt über die Leidensfähigkeit Christi – wieder wählt er hier die Form, das Sagbare bis zu einem solchen Extrem voranzutreiben, daß man spürt, wie hier die menschliche Sprache versagt (vgl. S. 14) –, läßt uns in seine eigene Erfahrung hineinblicken: Gerade seine tiefe Gottverbundenheit ließ ihn Leid und Schmerz nicht weniger spüren, sondern ungleich viel tiefer empfinden als andere Menschen. Und die Fülle der Gedanken und Beispiele, die er in seinem «Buch der göttlichen Tröstung» anführt, zeigt ebenfalls, daß er über viele Jahre hin die Frage des Leidens existentiell durchrungen und verarbeitet haben muß. Was uns in seinen Worten zuerst fremd anmutet, kommt nicht aus einer weltfernen Unkenntnis, sondern daher, daß sein Blick von «Jenseits der Todeslinie» her (s. S. 12) unsere normalen Maßstäbe total verändert.

Du sollst nicht hoch anschlagen, was du empfindest; achte vielmehr für groß, was du liebst und erstrebst

Niemals könnte Meister Eckhart in dieser Weise von Leid und Schmerz reden, wenn ihm nicht von seinem Gotterleben her eine neue Unterscheidungsfähigkeit gegeben wäre für das, was im menschlichen Erleben wichtig und was unwichtig ist. Leid und Schmerz aber können nur die Bezirke des Menschen berühren, die angesichts der Ewigkeit Gottes ihre Wichtigkeit verlieren:

Dann habe ich rechte Freude, wenn weder Leid noch Qual sie mir nehmen kann; denn dann bin ich versetzt in das göttliche Sein, in dem kein Leid Raum hat (P 35).

Eckhart sagt nicht: «wo ich weder Leid noch Schmerz mehr fühle», sondern: «wo weder Leid noch Schmerz mir die Freude nehmen kann». Es geht um die neue Wertung: Nicht der kurze Weg in dieser Zeit ist das Wichtige, sondern allein das Ziel, zu dem dieser Weg hinführt:

Man findet wohl niemand, der nicht jemand so gern leben sähe, daß er nicht willig für ein Jahr ein Auge entbehren oder blind sein wollte, wenn er hernach sein Auge wieder haben und seinen Freund so von dem Tode erlösen könnte. Wenn demnach ein Mensch ein Jahr sein Auge entbehren wollte, um einen Menschen, der nach kurzen Jahren doch sterben muß, vor dem Tode zu retten, so soll er wohl billigerweise und bereitwilliger zehn oder zwanzig oder dreißig Jahre, die er vielleicht noch leben könnte, entbehren, auf daß er sich selbst für ewig selig machte und ewig Gott in seinem göttlichen Licht und in Gott sich selbst und alle Kreaturen schauen werde (T II/2). [Denn] wer da baut und das Holz zuhaut und den Stein metzt darum und zu dem Ende, daß er ein Haus gegen die Hitze des Sommers und den Frost des Winters herstelle, dessen Herz(ensanliegen) ist zum ersten und ganz und gar das Haus, und er würde nimmer den Stein behauen und die Arbeit verrichten, wenn nicht des Hauses wegen (T II/2).

Dieses ständige Hindurchbrechen durch das gegenwärtige Leid im Schauen auf das Ziel ist hohe Aufgabe des Menschen, der sich im Leid vorfindet:

Christus sagt: «Wer mir nachfolgen will, der verleugne sich selbst und hebe sein Kreuz auf und folge mir» (Mk 8,34; Mt 16,24). Das heißt: Alles Herzeleid wirf hinaus, so daß in deinem Herzen nichts als stete Freude sei (P 35). [Das bedeutet] *ein Überschreiten und ein Verlust des Leidens um Gottes willen* (T II/2). [Denn] du sollst nicht hoch anschlagen, was du empfindest; achte vielmehr für groß, was du liebst und erstrebst (T I/2).

Wahre Freude hier auf Erden ist für einen Menschen, der aus der Ewigkeitserfahrung Gottes her lebt, nicht

in einem Verschontwerden von Schmerz und Leid begründet, sondern sie wird dadurch ermöglicht, daß der Mensch sein inneres Schwergewicht dahin zu verlegen vermag, wo er im innersten Bereich seines Daseins mit Gott vereint ist.
So kann Eckhart das Wort wagen, daß der «gute Mensch» sein «Leiden liebt», weil er nicht das Leiden an sich liebt, sondern die Frucht, die daraus wächst und den Willen seines geliebten Gottes, der sich darin kundtut. Auch hier spürt man immer wieder, daß mit den unzulänglichen Mitteln menschlicher Sprache versucht wird, etwas auszusagen, was eigentlich unsagbar ist:

Wäre es recht um uns bestellt, so wäre auch für uns Leiden nicht Leiden; es wäre uns Wonne und Trost (T II/2). Ich nehme und schöpfe die Leiden in und aus Gottes Willen. Solches Leid ist allein vollkommenes Leid, denn es kommt und entspringt aus der lauteren Liebe der lautersten Güte und Freude Gottes (T II/2).

Daß menschliches Leiden «aus der lauteren Liebe Gottes» entspringen kann, ist menschlich ebenso uneinsichtig wie die Möglichkeit, daß einem Menschen «Leiden nicht Leiden», sondern «Wonne und Trost» sein könne. Und doch mag es jeder schon einmal erlebt haben, daß es Tage gibt, wo durch ein frohes Erleben eine solche Freude in ihm ist, daß ihn Dinge innerlich kaum berühren, die ihm an anderen Tagen schwer zu schaffen machen würden. Dagegen kennen wir andere Tage, wo uns die kleinsten Belastungen fast unerträglich schwer zu sein scheinen. Wenn nun schon rein gefühlsmäßige Stimmungen die Art unseres Leiderlebens derart verändern können, wieviel mehr mag das dort der Fall sein, wo ein Mensch etwas von der Wirklichkeit Gottes geschmeckt und gekostet hat. Hier gibt ein Mensch Zeugnis davon, daß er in der Wirklichkeit Gottes verwurzelt ist, sein «Zu-Hause» hat. Hier setzt nicht mehr der Mensch, sondern allein Gott den Wert und das Maß. Das wird aus folgendem Gedanken deutlich:

Nichts ist gut, was ohne Gott kommt. Und alles, was mit Gott kommt, ist deshalb gut, weil es mit Gott kommt

Fraglos scheint der Mensch zu wissen, was für ihn gut und was schlecht ist. Meister Eckhart hinterfragt dieses scheinbar evidente Wissen und Urteilen des Menschen von seiner neuen Sicht her. Erfährt es doch jeder Mensch in seinem Leben, daß ihm in der Rückschau deutlich wird, daß etwas für ihn gut war, was er im Augenblick des Geschehens für schlimm hielt. Gott, der nichts als das Gute wollen kann, weiß allein wirklich, was gut für den Menschen ist:

Ein guter Mensch kann der nicht sein, der nicht will, was Gott in jedem besondern Falle will, denn es ist unmöglich, daß Gott irgend etwas denn Gutes wolle; und insonderheit gerade darin und dadurch, daß es Gott will, wird es und ist es notwendig gut und zugleich das Beste (TII/2). Wahrlich, so sollte es mir am Willen Gottes genügen: In allem, wo Gott wirken oder geben wollte, sollte mir sein Wille so lieb und wert sein, daß mir das nicht weniger bedeutete, als wenn er *mir* diese Gabe gäbe oder dies *in mir* wirkte (TI/23). [Denn Gott] gibt einem jeden nach dem, was sein Bestes ist und für ihn paßt. Soll man jemand einen Rock zuschneiden, so muß man ihn nach seinem Maß machen; und der dem einen paßte, der paßte dem andern gar nicht. Man nimmt einem jeglichen so Maß, wie's ihm paßt. So auch gibt Gott einem jeglichen das Allerbeste nach dem, wie er erkennt, daß es das ihm Gemäßeste ist (T I/23).

Das ist kein Fatalismus, sondern tiefes, liebendes Vertrauen. So kann nur jemand sprechen, der von einer alles Aussagbare zurücklassenden persönlichen Liebe und Zuwendung Gottes in seinem Leben weiß. Gott ist für Meister Eckhart immer das personale Du seiner Liebe. Diesem Du bekundet er seine Liebe und sein Vertrauen, indem er in den großen und kleinen Schicksalsschlägen seines Lebens immer den Geber in der Gabe, in allem, was geschieht, immer die Liebe seines Gottes ergreift:

Nun gebt acht! Ihr müßt wissen: Die Menschen, die sich Gott überlassen und mit allem Fleiß nur seinen Willen suchen, was immer Gott einem solchen Menschen gibt, das ist das Beste; sei dessen so gewiß, wie daß Gott lebt, daß es notwendig das Allerbeste sein muß und daß es sonst keine Weise geben könnte, die besser wäre. Mag es auch sein, daß doch etwas anderes besser scheine, so wäre es für dich doch nicht so gut; denn Gott will eben diese Weise und nicht eine andere, und *diese* Weise muß notwendig für dich die beste Weise sein. Es sei (nun) Krankheit oder Armut oder Hunger oder Durst oder was immer es sei, das Gott über dich verhängt oder nicht verhängt oder was dir Gott gibt oder nicht gibt, das alles ist für dich das Beste; sei's, daß du keines von beiden, weder Andacht noch Innerlichkeit hast und was immer du hast oder nicht hast: stelle dich nur recht darauf ein, daß du Gottes Ehre in allen Dingen im Auge hast, und was immer er dir dann antut, das ist das Beste (P 4).

So ist die Grundvoraussetzung all dessen, was Meister Eckhart über das Leiden sagt, daß er immer den «guten Menschen» im Auge hat, den Menschen, der sich ganz und völlig Gott überlassen hat:

Der Mensch, der ein neues Leben oder Werk beginnen will, der soll zu seinem Gott gehen und von ihm mit großer Kraft und mit ganzer Andacht begehren, daß er ihm das Allerbeste füge und das, was ihm am liebsten und würdigsten sei, und er wolle und erstrebe dabei nicht das Seine, sondern einzig den liebsten Willen Gottes und sonst nichts. Was immer ihm Gott dann zufügt, das nehme er unmittelbar von Gott und halte es für sein Allerbestes und sei darin ganz und völlig zufrieden (T I/22).

Vielleicht darf man sogar sagen: In dem Maß, in dem der Mensch sein Leiden von Gott als das ihm zugemessene «Allerbeste» annimmt, wird es für ihn auch dazu.

Ich erachte es als besser denn alles, daß der Mensch sich mehr von Gott führen lasse, als daß er sich selbst ins Leiden versetze

Wer sich ein wenig in der Welt der Mystiker und in den Zeugnissen mancher Heiliger auskennt, dem wird sehr bald beim Lesen der Schriften Meister Eckharts auffallen, daß er trotz des hohen Wertes, den er dem Leiden beimißt, keinerlei Sucht nach Leiden kennt, ja, daß er niemals zu irgendwelchen äußeren Bußmitteln rät, wie es zu seiner Zeit üblich war. Eingebettet in das

Ganze seines Denkens hat für ihn nur jenes Leiden einen Wert, das unmittelbar aus dem Willen Gottes fließt:

Daran soll der Mensch erkennen, ob er recht daran sei: daß es ihm wonnesam und erfreulich wäre, seinen natürlichen Willen zu lassen und zu verleugnen und sich völlig seiner selbst zu entäußern *in allem, von dem Gott will, daß es der Mensch leidet* (T II/2).
Und so erachte ich dies als besser denn alles: daß sich der Mensch gänzlich Gott überlasse, so daß, wenn immer Gott irgend etwas ihm aufbürden wolle, sei's Schmach, Mühsal oder was es sonst für ein Leiden sei, er es mit Freuden und Dankbarkeit hinnehme und *sich mehr von Gott führen lasse, als daß der Mensch sich selbst darein versetze* ... Und dabei kann man dann auch Ehre und Gemach hinnehmen. Befiele den Menschen aber Ungemach und Unehre, wo würde man auch die ertragen und gern ertragen wollen. Und darum mögen dann die mit vollem Recht und Fug getrost essen, die ebenso recht bereit zum Fasten wären ...
Und das ist wohl auch der Grund dafür, daß Gott seine Freunde großen und vielen Leidens enthebt; sonst könnte das seine unermeßliche Treue gar nicht zulassen, weil ja doch so viel und so großer Segen im Leiden liegt und er die Seinen nichts Gutes versäumen lassen will noch darf. Er aber läßt sich's wohl genügen an einem guten, rechten Willen; sonst ließe er ihnen kein Leiden entgehen um des unaussprechlichen Segens willen, der im Leiden liegt (T I/18).

Damit hat Eckhart die Antwort gegeben auf die von ihm gestellte Frage, weshalb es Gott zulassen könne, daß seine Freunde oft so wenig leiden müssen.

Nach der Klärung dieser Grundfragen schauen wir nun auf die Art, wie Meister Eckhart mit dem konkreten Leiden umgeht – wo immer es ihm begegnet. Wer leidet, sehnt sich nach Trost und braucht ihn. Gott selbst begegnet dem Leidenden mit seinem Trost: Denn wer immer sich in die neue Wirklichkeit der «Ewigkeit Gottes» versetzt, dem verspricht Meister Eckhart wahrhaften Trost in *allem* Leid. Daß es diesen Trost gibt, davon ist er zutiefst überzeugt. Das ermächtigt ihn, sein Trostbuch zu schreiben, in dem er sowohl grundsätzliche Wahrheiten anführt, die den Menschen «füglich und gänzlich trösten» können als auch eine Fülle einzelner «Stücke und Lehren». Jedem möglichen Trost liegt die Wahrheit zugrunde, daß Gott allein die Quelle alles wahren und bleibenden Trostes ist:

Gott allein ist einziger Born und Quellader allen wesenhaften Trostes

Es ist allen Kreaturen versagt, daß irgendeine alles das habe, was den Menschen *vollends* zu trösten vermöchte. Hätte ich alles, was ich nur zu begehren vermöchte, täte mir aber nur der Finger weh, so hätte ich (es) doch nicht alles, denn mir wäre ja doch der Finger wund, und ich hätte nicht vollen Trost, solange mir der Finger weh täte. Brot ist für den Menschen gar tröstlich, dafern ihn hungert; wenn ihn aber dürstete, so hätte er an dem Brote ebensowenig Trost wie an einem Steine … Und ebenso steht's mit allen Kreaturen, und daher ist es wahr, daß alle Kreaturen Bitterkeit in sich tragen. Wohl ist es

(wiederum) wahr, daß alle Kreaturen etwas an Trost in sich tragen wie einen oben abgeschöpften Seim. Der Seim aber, das heißt alles, was immer es an Gutem in allen Kreaturen zusammen geben kann, das ist zusamt in Gott (P 41).
[Darum] soll und mag man wissen, daß Gott allein einziger Born und Quellader alles Gutseins, wesenhafter Wahrheit und des Trostes ist, und alles, was nicht Gott ist, das ... fügt der Gutheit, die von Gott stammt und Gott ist, nichts hinzu, sondern mindert und bedeckt und verbirgt die Süßigkeit, die Wonne und den Trost, den Gott gibt (T II/1).
Darum: Willst du volle Freude und Trost haben und finden in Gott, so sieh zu, daß du ledig seist ... alles Trostes von den Kreaturen; denn sicherlich, solange dich die Kreatur tröstet und zu trösten vermag, findest du niemals rechten Trost. Wenn dich aber nichts zu trösten vermag als Gott, wahrlich, so tröstet dich Gott und mit ihm und in ihm alles, was Wonne ist (T II/2).

So sehr diese Wirklichkeit des unmittelbaren göttlichen Trostes *alles* umgreift, so schließt sie doch nicht aus, daß Eckhart ganz einfache, konkrete Dinge nennt, die den Menschen zu trösten vermögen:

Wenn du im Leid und Ungemach bist, so gedenke des Guten und des Gemaches, das du noch hast und behältst

Das erste, [was] den verständigen Menschen in seinem Leide füglich trösten soll, ist dies, daß kein Ungemach und Schaden ohne Gemach und kein Schaden bloßer Schaden ist ...
Ich setze den Fall, ein Mensch habe hundert

Mark; davon verliert er vierzig und behält sechzig. Will der Mensch nun immerfort an die vierzig denken, die er verloren hat, so bleibt er ungetröstet und bekümmert. Wie könnte auch der getröstet sein und ohne Leid, der sich dem Schaden zukehrt und dem Leid und das in sich und sich in es einprägt und es anblickt, und es schaut wiederum ihn an, und er plaudert mit ihm und spricht mit dem Schaden, und der Schaden hinwiederum plaudert mit ihm, und beide schauen sich an von Angesicht zu Angesicht? Wäre es aber so, daß er sich den sechzig Mark zukehrte, die er noch hat, und den vierzig, die verloren sind, den Rücken kehrte und sich in die sechzig versenkte und die von Antlitz zu Antlitz anschaute und mit *ihnen* plauderte, so würde er sicherlich getröstet ... Das will sagen: Wenn du im Leid und Ungemach bist, so gedenke des Guten und des Gemaches, das du noch hast und behältst (T II/2).

Der Mensch, der leidet, soll Gott danken, daß er vorher so wohl daran war

Und wieder ein anderes will ich annehmen: Du hast tausend Mark verloren; dann sollst du nicht die tausend Mark beklagen, die verloren sind. Du sollst Gott danken, der dir tausend Mark gegeben hat, die du verlieren konntest ... Ich setze den Fall, daß ein Mensch Ehre und Gemach manches Jahr besessen hat und dies nun durch Gottes Fügung verliert; so soll der Mensch sich weise bedenken und Gott danken. Wenn er des Schadens und des Ungemachs, das er nun hat, inne wird, dann weiß er erst, wieviel Vorteil und Geborgenheit er vorher hatte, und er soll Gott danken für die Geborgenheit, die er so manches Jahr genoß, ohne doch je recht zu erkennen, daß er wohl daran war, und er grolle nicht (TII/2).

Willst du getröstet werden, so vergiß derer, denen es besser geht, und gedenk' immerfort derer, die übler daran sind

Ein Weiteres gibt es, das den Menschen trösten soll. Ist er krank und in großem Schmerz seines Leibes, hat er jedoch seine Behausung und seine Notdurft an Speise und Trank, an Beratung der Ärzte und an Beistand seiner Freunde; wie sollte er sich da verhalten? Nun, was tun arme Leute, die dasselbe oder gar noch größere Krankheit und Ungemach zu ertragen und niemand haben, der ihnen (auch nur) kaltes Wasser gäbe? Sie müssen das trockene Brot suchen in Regen, Schnee und Kälte, von Haus zu Haus. Drum, willst du getröstet werden, so vergiß derer, denen es besser geht, und gedenk' immerzu derer, die übler daran sind (TII/2).

Solange es dich dünkt: «Wäre es anders gekommen, so wäre es vielleicht besser gekommen», wirst du niemals Frieden gewinnen

Noch aber gibt's etwas anderes: wer das beachten und erkennen wollte, der würde zu Recht getröstet bei äußerem Schaden und Leid.

Ein Mensch zieht einen Weg hin oder verrichtet ein Werk oder unterläßt ein anderes und dabei widerfährt ihm ein Schaden: er bricht ein Bein, einen Arm oder verliert ein Auge, oder er wird krank. Will er dann beständig denken: Wärest du einen andern Weg gezogen oder hättest du ein anderes Werk verrichtet, so wäre dir das nicht widerfahren, so bleibt er ungetröstet und wird notwendig leidbedrückt. Und deshalb soll er denken: Wärest du einen andern Weg gezogen oder hättest du ein anderes Werk verrichtet oder unterlassen, so wäre dir leichtlich ein viel größerer Schaden und Kummer widerfahren; und auf solche Weise würde er zu Recht getröstet (TII/2). Nun dünkt es euch mitunter, und ihr sagt: «Ach, wäre es anders gekommen, so wäre es besser», oder: «Wäre es nicht so gekommen, so wäre es vielleicht besser gekommen.» Solange es dich so dünkt, wirst du niemals Frieden gewinnen (P4).

Gott zerstört niemals, ohne ein Besseres dafür zu geben

Ein guter Mensch soll darin Gott vertrauen, ihm glauben und gewiß sein und ihn als so gut kennen, daß es Gott und seiner Güte und Liebe unmöglich ist zuzulassen, daß dem Menschen irgendein Leiden oder Leid zustoße, ohne daß er entweder dem Menschen größeres Leid (dadurch) verhüten oder ihn auch auf Erden (schon) stärker trösten oder etwas Besseres davon und daraus machen wolle, worin Gottes Ehre umfassender und stärker in Erscheinung träte (TII/2). [Denn auch] ein weiser Arzt berührt niemals den kranken Finger des Menschen, so daß er dem Menschen weh tut, wenn er nicht den Finger selbst oder den gesamten Menschen in einen besseren Zustand zu versetzen und ihm Erleichterung zu schaffen vermöchte. Vermag er den

Menschen und auch den Finger zu bessern, so tut er's; ist dem nicht so, so schneidet er den Finger ab, auf daß er den *Menschen* bessere. Und es ist viel besser, den Finger allein preiszugeben und den Menschen zu erhalten, als daß sowohl der Finger wie der Mensch verderbe. Besser ist *ein* Schaden als zwei, insonderheit, wenn der eine ungleich größer wäre als der andere. Auch soll man wissen, daß der Finger und die Hand und ein jegliches Glied von Natur aus den Menschen, dessen es ein Glied ist, viel lieber hat als sich selbst und sich gern und unbedenklich freudig in Not und Schaden begibt für den Menschen ... Drum wäre es gar billig und wäre für uns naturgemäß das Rechte, daß wir uns selbst keinesfalls liebten, wenn nicht um Gottes willen und in Gott. Und wäre dem so, so wäre uns alles das leicht und eine Wonne, was Gott von uns und in uns wollte, zumal, wenn wir gewiß wären, daß Gott ungleich weniger irgendein Gebresten oder einen Schaden zu dulden vermöchte, wenn er nicht einen viel größeren Gewinn darin erkennte und anstrebte (T II/2).

Es gehört, wenn man Sohn sein soll, dazu, daß man leide

Noch gibt es einen anderen Trost. [Die Schrift] sagt, daß Gott alle die züchtigt, die er zu Söhnen annimmt und empfängt (vgl. Hebr 12,6). Es gehört, wenn man Sohn sein soll, dazu, daß man leide. Weil Gottes Sohn in der Gottheit und in der Ewigkeit nicht leiden konnte, darum sandte ihn der himmlische Vater in die Zeit, auf daß er Mensch würde und leiden könnte. Willst du denn

Gottes Sohn sein und willst doch nicht leiden, so hast du gar unrecht. Im Buch der Weisheit steht geschrieben, daß Gott prüft und erprobt, wer gerecht sei, wie man Gold prüft und erprobt und brennt in einem Schmelzofen (vgl. Weish 3,5/6) ... Ein Stück Silber oder Gold ist wohl rein; doch wenn man daraus ein Gefäß machen will, aus dem der König trinken soll, so brennt man es ausnehmend stärker als ein anderes. Darum steht von den Aposteln geschrieben, sie hätten sich gefreut, daß sie würdig waren, Schmach um Gottes willen zu erdulden (Apg 5,41) (T II/2).

Sein Wort ist, daß unser Leid in Freude verwandelt werden soll

Auch soll der Mensch in seinem Leide daran denken, daß Gott die Wahrheit spricht ... Fiele Gott von seinem Wort, seiner Wahrheit, ab, so fiele er von seiner Gottheit ab, ... denn er *ist* sein Wort, seine Wahrheit. Sein Wort (nun aber) ist, daß unser Leid in Freude verwandelt werden soll (vgl. Jer 31,13). Sicherlich, wüßte ich zuverlässig, daß alle meine Steine in Gold verwandelt werden sollten, je mehr Steine und je größere ich dann hätte, um so lieber wäre es mir; ja, ich bäte um Steine und, wenn ich könnte, erwürbe ich solche, die groß wären und ihrer die Menge; je mehr ihrer wären und je größer, um so lieber wären sie mir. Auf solche Weise würde der Mensch gewiß kräftig getröstet in allem seinem Leide (T II/12).

Diese Worte lassen uns ein wenig die Hintergründe der Eckhart'schen Leidensmystik ahnen: Er lebt so tief im Glauben statt im Schauen (2 Kor 5,7) – ihm ist das Wort Gottes mit seiner Verheißung so zuverlässig, daß er in «den Steinen» bereits «das Gold» schaut, daß er sein Leiden lieben kann, weil es sich für ihn im Glauben bereits in Freude verwandelt hat. Aber es geht um mehr als um die Freude des Menschen selbst:

Wollte der Mensch sich auch bewußt halten und bedenken, wie große Freude fürwahr Gott selbst nach seiner Weise und alle Engel und alle, die Gott kennen und lieben, an der Geduld des Menschen haben, wenn er um Gottes willen Leid und Schaden erduldet, wahrlich, durch das allein schon müßte er sich von Rechts wegen trösten. Ein Mensch gibt doch sein Gut hin und leidet Ungemach, auf daß er seinen Freund erfreuen und ihm etwas Liebes erweisen könne (T II/2).

Wo Leiden zum Mittel der Liebe wird, verändert es seine Qualität, es wird sinnvoll, steht im Dienst eines höheren Wertes, es verliert seine Bitterkeit, enthüllt das in ihm verborgene Licht:

«Mose ging in den Nebel und trat hinein auf den Berg, und da sah er das göttliche Licht» (Ex 24,18). Das Licht findet man recht eigentlich in der Finsternis; somit, wenn man Leiden hat und Ungemach, dann ist uns das Licht am allernächsten ... Unser Herr sprach: «Deine Finsternis – das ist dein Leiden – wird gewandelt werden in klares Licht» (Jes 58,10) (P 24). Das Licht leuchtet in der Finsternis, da wird man seiner gewahr (T I/11).

Unser Herr spricht: «Ich bin mit dem Menschen in seinem Leiden»

Auch soll man wiederum bedenken: Hätte ein Mensch einen Freund, der um seinetwillen im Leiden wäre und in Schmerz und in Ungemach, so wäre es gewiß gar billig, daß er bei ihm wäre und ihn tröstete mit seiner eigenen Gegenwart und mit (aller) Tröstung, die er ihm bereiten könnte. Daher sagt unser Herr im Psalter von einem guten Menschen, daß er mit ihm sei im Leiden (Ps 33,19) ... Daß Gott mit uns im Leiden ist, heißt, daß er selbst mit uns leidet. Fürwahr, wer die Wahrheit erkennt, der weiß, daß ich wahr spreche. Gott leidet mit dem Menschen, ja, er leidet auf seine Weise eher und ungleich mehr, als der da leidet, der um seinetwillen leidet ... [Ich sage nun], daß Freundes Mitleiden naturgemäß dies (eigene) Leiden mindert. Vermag mich denn also eines Menschen Leiden, das er mit mir empfindet, zu trösten, so wird mich um vieles mehr Gottes Mitleiden trösten ...

Noch bleibt [ein] (Trostgrund) in dem Worte, daß Gott mit uns ist im Leiden und mit uns mitleidet; daß [– weil Gott das lautere Eine ist –] alles, was in ihm ist, Gott selbst ist. Und da dies wahr ist, so sage ich: ... Wahrhaftig, so wie Gott die Wahrheit ist und, wo immer ich Wahrheit finde, ich meinen Gott, die Wahrheit, finde, ebenso auch, nicht weniger und nicht mehr, finde ich, wenn ich lauteres Leiden um Gottes willen und in Gott finde [und es Gott mit mir und in mir erduldet], mein Leiden als Gott. Wer das nicht erkennt, der klage seine Blindheit an, nicht mich noch die göttliche Wahr-

heit und liebenswerte Güte (T II/2). Ist Gott mit mir im Leiden, was will ich dann mehr, was will ich dann sonst noch? Ich will doch nichts anderes, ich will nichts weiter als Gott, wenn es recht mit mir steht. Sankt Augustinus spricht: «Der ist gar gierig und unweise, dem es an Gott nicht genügt», und er sagt anderswo: «Wie kann es dem Menschen an Gottes äußeren oder inneren Gaben genügen, wenn es ihm an Gott selbst nicht genügt?» (T II/2).
Dazu sagt Sankt Bernhard: «Herr, bist du mit uns im Leiden, so gib mir allzeit zu leiden, auf daß du allzeit bei mir seiest, auf daß ich dich allzeit besitze.» (T II/2)

Solche Worte kann nur eine Liebe sprechen, die alles zurückgelassen hat, die nur noch dort lebt, wo sie liebt – stammelnde Worte, die sich nicht logisch erklären lassen.

Prüfet euch selbst, wie es mit eurer Liebe bestellt ist

Nun sage ich weiter, daß alles Leid aus der Liebe zu dem kommt, was mir der Schaden genommen hat ... Drum, habe ich Leid wegen vergänglicher Dinge, so habe ich und hat mein Herz noch Liebe und Hang zu vergänglichen Dingen und habe ich Gott nicht aus meinem ganzen Herzen lieb und liebe noch nicht das, was Gott von mir und mit sich geliebt wissen will (T II/2).
Wollte ich einem Menschen mit allem Fleiß gefallen und wüßte ich dann für gewiß, daß ich diesem Menschen besser gefiele in einem grauen Kleide als in irgendeinem andern, wie gut es auch wäre,

so gibt es darüber keinen Zweifel, daß mir dieses Kleid wohlgefälliger und lieber wäre als irgendein anderes, wär's auch noch so gut. Wär's denn, daß ich einem jeden gefallen wollte: wovon ich dann wüßte, daß es einer gern hätte, an Worten und an Werken, das täte ich und nichts anderes. Wohlan, nun prüft euch selbst daraufhin, wie es mit eurer Liebe bestellt ist! Liebtet ihr Gott, so könnte euch nichts lustvoller sein, als was ihm am allerbesten gefiele und daß sein Wille am allermeisten an uns vollbracht würde (P 4).

Wenn man solch ein leidenschaftliches Wort in sich einläßt, darf man es keinesfalls aus dem Zusammenhang reißen. Man muß gleichzeitig mithören, was darüber gesagt worden war, daß es «keinen Heiligen gegeben habe noch jemals geben wird, dem Pein nicht weh täte» und daß es das Geheimnis der Liebe ausmacht, sich selbst zu vergessen um des Geliebten willen.

Aus unermeßlicher Liebe hat Gott unsere Seligkeit ins Erleiden gelegt

Wer sich wahrhaft auf die Liebe einläßt, der läßt sich ein auf ihre innere Dynamik, die dem Menschen mehr und mehr möglich macht, was ihm vorher unmöglich erschien:

Je mehr der Mensch aufgibt, um so leichter fällt es ihm aufzugeben. Einem Menschen, der Gott liebt, dem wäre es ebenso leicht, diese ganze Welt hinzugeben wie ein Ei. Je mehr er hingibt, um so leichter fällt ihm das Hingeben, so wie bei den Aposteln: je schwereres Leiden sie hatten, um so leichter erlitten sie es (P 43).

Mit diesem Wort wird noch einmal deutlich, daß es einzig und allein die Liebe ist, die diese Verwandlung menschlichen Leides erleben läßt. Schon eine tiefe menschliche Liebe vermag das Leben des Liebenden von innen her zu verwandeln. Wo die Liebe Gottes einen Menschen wahrhaft anrührt, zieht sie ihn hinein in das Leben Gottes, das nicht mehr durch menschliche Vergänglichkeit und Angst vor dem Leid und dem Tod bestimmt ist. Gerade aber das «Leiden um Gottes willen» ist es, das diese Liebe in mir wachsen läßt – deshalb: Je größer das Leiden – um so größer die Liebe – und damit: um so geringer die Bitternis des Leidens. So kann er in einer allerletzten Steigerung dessen, was menschliche Worte auszudrücken vermögen, davon sprechen, daß unsere Seligkeit im Erleiden Gottes liege. Und in diesem Zusammenhang wird gleichzeitig deutlich, daß der Begriff des «Leidens» bei Meister Eckhart viel tiefer und umgreifender ist als in unserem heutigen Sprachgebrauch. Jede Form des Leidens ist ein «Erleiden», ein «Mit-mir-geschehen-lassen», letzte Konsequenz der «Gelassenheit»:

Unsere Seligkeit liegt nicht in unserm Wirken, sondern darin, daß wir Gott erleiden. Denn, soviel Gott edler ist als die Kreatur, soviel ist das Wirken Gottes edler als das meine. Ja, aus unermeßlicher Liebe hat Gott unsere Seligkeit ins Erleiden gelegt; denn wir erleiden mehr als wir wirken, und wir empfangen ungleich mehr als wir geben. Jede Gabe (aber) fördert die Empfänglichkeit für eine neue Gabe, ja, für eine größere Gabe; jede göttliche Gabe erweitert die Empfänglichkeit und das Verlangen, Höheres und Größeres zu empfangen … Denn so grenzenlos Gott im Geben ist, so grenzenlos ist auch die Seele im Nehmen oder Empfangen. Und so allmächtig Gott im Wirken ist, so abgründig ist die Seele im Erleiden; und drum wird sie mit Gott und in Gott überformt. Gott soll wirken, die Seele aber soll erleiden; ... sie soll erkennen mit *seiner* Erkenntnis und soll lieben mit *seiner* Liebe (P 58).

Ein guter Mensch soll niemals über Schaden klagen noch über Leid, er soll vielmehr nur beklagen, daß er das Klagen und Leid in sich wahrnimmt

Ein Gedanke ist für Meister Eckhart so wichtig, daß er ihn am Ende seines Trostbuches noch einmal gesondert herausstellt:

Ich will noch hinzufügen, daß ein guter, göttlicher Mensch sich gar heftig und gründlich schämen sollte, daß ihn je Leid [im Innersten des Herzens] erschütterte, wenn wir sehen, daß der Kaufmann zur Erlangung eines kleinen Gewinstes und zudem aufs Ungewisse oft so fern über Land, so beschwerliche Wege, über Berg und Tal, Wildnisse und Meere zieht, (bedroht) durch Räuber und Mörder an Leben und Habe, und große Entbehrung an Speise und Trank (und) Schlaf und andere Unbill erleidet und doch das alles gern und willig vergißt um so kleinen, ungewissen Nutzens willen. Ein Ritter wagt im Kampfe Gut, Leben und Seele um vergängliche und sehr kurze Ehren, und uns dünkt es so bedeutend, daß wir ein Geringes leiden um Gott und die ewige Seligkeit! (T II/3)
Deshalb sollte sich ein guter Mensch gar sehr vor Gott und vor sich selbst schämen, wenn er noch

gewahr wird, daß Gott nicht in ihm ist ..., sondern daß noch die leidige Kreatur in ihm lebt und seine Neigung bestimmt ... Denn das Hinneigen zur Äußerlichkeit und das Trostfinden an Untrost und das lustvoll eifrige und viele Reden darüber ist ein wahres Zeichen dafür, daß Gott in mir nicht sichtbar wird, nicht in mir wacht, nicht in mir wirkt. Und weiterhin auch sollte (der gute Mensch) sich schämen vor guten Leuten, daß sie solches an ihm gewahr würden. Ein guter Mensch soll niemals über Schaden klagen noch über Leid; er soll vielmehr nur beklagen, *daß* er klage und daß er das Klagen und Leid in sich wahrnimmt (T II/2). Darum klage nicht, klage vielmehr nur darüber, *daß* du noch klagst und kein Genügen findet (T I/23).

Mir genügt's, daß in mir und in Gott wahr sei, was ich spreche und schreibe

Ich möchte diesen Abschnitt über das Leiden abschließen mit Worten, mit denen Meister Eckhart selbst sein Trostbuch abschließt:

[Was] ich (noch) sagen will, ist dies, daß mancher grobsinnige Mensch sagen wird, viele Worte, die ich in diesem Buche und auch anderswo geschrieben habe, seien nicht wahr. Dem antworte ich mit dem, was Sankt Augustinus im ersten Buche seiner «Bekenntnisse» sagt: ... Was kann ich dafür, wenn jemand das nicht versteht? ... Mir genügt's, daß in mir und in Gott wahr sei, was ich spreche und schreibe. Wer einen Stab in Wasser getaucht sieht, den dünkt der Stab krumm, wenngleich er ganz gerade ist, und das

kommt daher, daß das Wasser gröber ist als die Luft; gleichviel ist der Stab sowohl an sich wie auch in den Augen dessen, der ihn nur in der Lauterkeit der Luft sieht, gerade und nicht krumm …
Wer aber [von ewigen Dingen] nichts weiß, der lacht und spottet meiner; mich aber erbarmt es seiner. Indessen, solche Leute wollen ewige Dingen schauen und empfinden und göttliche Werke und im Lichte der Ewigkeit stehen, und dabei flattert ihr Herz noch im Gestern und noch im Morgen.»
Ein heidnischer Meister, Seneca, spricht: «Man soll von großen und hohen Dingen mit großen und hohen Sinnen sprechen und mit erhabener Seele.» Auch wird man sagen, daß man solche Lehren nicht für Ungelehrte sprechen und schreiben solle. Dazu sage ich: Soll man nicht ungelehrte Leute (be-)lehren, so wird niemals wer gelehrt, und so kann niemand (dann) lehren oder schreiben. Denn darum belehrt man die Ungelehrten, daß sie aus Ungelehrten zu Gelehrten werden. Gäbe es nichts Neues, so würde nichts Altes. «Die gesund sind», sagt unser Herr, «bedürfen der Arznei nicht» (Lk 5,31). Dazu ist der Arzt da, daß er die Kranken gesund mache …
Der liebreiche, barmherzige Gott, die Wahrheit (selbst), gebe mir und allen denen, die dies Buch lesen werden, daß wir die Wahrheit in uns finden und gewahr werden. Amen (TII/3).

«Daß wir die Wahrheit in uns finden und gewahr werden» meint nichts anderes als: daß wir Gott selbst in uns finden und gewahr werden. Dies ist das Ziel aller Gelassenheit, und das ist die Chance, die das Leiden für denjenigen bereithält, der es aus Liebe zu Gott auf sich nimmt. Wo aber mitten in diesem Leben etwas von der Wirklichkeit Gottes aufleuchtet, da erfährt der Mensch ein wenig davon, daß er bereits hier in diesem irdisch-menschlichen Dasein wirklich und wahrhaft etwas von der tiefsten Erfüllung schmecken kann, die auch die Sprache als «Seligkeit» bezeichnet – ein angeldhafter Vorgeschmack der Ewigkeit Gottes.

V. FASZINIERT VON DER ERFAHRUNG, EWIGES LEBEN SCHON IN DIESER ZEIT ERLEBEN ZU KÖNNEN

Das ist das Ziel, wo der Geist in Ruhe verharrt, der lieben Ewigkeit vereint

Meister Eckhart begnügt sich nie mit vorläufigen Zielen – kein Gebiet des Lebens gibt es für ihn, das ihm nicht die Möglichkeit böte, «hindurchzubrechen» durch das Vorläufige bis zu seinem tiefsten Wesen, wo es seinen Ursprung in Gott hat. Bereits in dieser Zeit ein Stück in der Ewigkeit Gottes zu leben, das ist für Meister Eckhart keine Utopie, sondern erfahrene und immer neu erfahrbare Wirklichkeit:

Wisset nun, alle unsere Vollkommenheit und alle unsere Seligkeit hängt daran, daß der Mensch durchschreite und hinausschreite über alle Geschaffenheit und alle Zeitlichkeit und alles Sein und eingehe in den Grund, der grundlos ist (P 40). [Denn wenn der Mensch Gottes Kind geworden ist, dann ist er] entbildet und überbildet von Gottes Ewigkeit und gelangt ist zu gänzlich vollkommenem Vergessen vergänglichen und zeitlichen Lebens [ist] und gezogen und hinüberverwandelt ist in ein göttliches Bild. Darüber hinaus noch höher gibt es keine Stufe, und dort ist ewige Ruhe und Seligkeit, dann *das Endziel des inneren Menschen und des neuen Menschen ist: ewiges Leben* (T III).

Diese hier bereits erfahrbare Ewigkeit Gottes aber ist nicht Ziel, sondern Weg.

Dabei gibt es drei Wege für Meister Eckhart, die in die Ewigkeit Gottes hineinführen:

Der *eine* ist dies: mit mannigfachem «Gewerbe» mit brennender Liebe *in allen Kreaturen* Gott zu suchen ...
Der *zweite* Weg ist ein wegloser Weg, frei und doch gebunden, wo man willen- und bildlos über sich und alle Dinge weithin erhaben und entrückt ist, wiewohl es doch noch keinen wesenhaften Bestand hat ...
Der *dritte* Weg heißt zwar «Weg» und ist doch ein «Zuhause»-Sein, er ist: Gott zu schauen unmittelbar in seinem eigenen Sein. Nun sagt der liebe Christus: «Ich bin (der) Weg» (Joh 14,6) ... *Außerhalb* dieses Weges bilden alle Kreaturen Umringung und (trennendes) «Mittel». *Auf* diesem Wege (aber) in Gott (-Vater) hineingeleitet vom Lichte seines «Wortes» [= Jesus Christus] und umfangen von der Liebe des (Heiligen) «Geistes» ihrer beider: *das* geht über alles, was man in Worte fassen kann.
Lausche (denn) auf das Wunder! Wie wunderbar: draußen stehen wie drinnen, begreifen und umgriffen werden, schauen und (zugleich) das Geschaute selbst sein, halten und gehalten werden – *das* ist das Ziel, wo der Geist in Ruhe verharrt, der lieben Ewigkeit vereint (P 28).

Wenn irgendwo, dann wird es hier deutlich, daß es Dinge gibt, die sich der Sagbarkeit entziehen: «Das geht über alles, was man in Worte fassen kann». Wenn auch die Ewigkeit Gottes in unser Leben hineinreicht und uns mehr und mehr in sich hineinzieht – mit Worten kann man darüber nichts sagen, was einer verstehen könnte, der nicht selbst aus eigener Erfahrung weiß, worum es geht, worauf solche Worte hinweisen wollen.

Erschrecket nicht! Diese Freude ist euch nahe und ist in euch!

Eckharts tiefstes Anliegen ist es, immer neu deutlich zu machen, daß die Erfahrung der Seligkeit Gottes nicht einer kleinen, auserwählten Elite besonders frommer Menschen vorbehalten ist, sondern *jedem* offensteht, der sich in rechter Gelassenheit Gott gänzlich überläßt. Es geht nicht um eine vage Wunschvorstellung, sondern um die Erfüllung der Verheißung Gottes:

[Diese Verheißung] ist auch uns zuteil geworden, daß wir getauft werden sollen im Heiligen Geiste und von ihm (die Gabe) empfangen, über der Zeit in der Ewigkeit zu wohnen (P 29).
Wenn der Mensch über seinen freien Willen Gewalt erhält in der Gnade und er ihn mit dem Willen Gottes gänzlich und wie in einem einzigen Einen zu vereinen vermag, dann braucht's nichts weiter, als daß er spreche ...: «Herr, weise mich, wo soll ich beten, und was soll ich tun, das dir in Wahrheit das Allerliebste ist?» – und Jesus antwortet, das heißt, er offenbart sich wahrhaft und vollends und ganz so, wie er ist, und erfüllt den Menschen so bis zum Überfluß, daß er ausquillt und ausfließt aus übervoller Fülle Gottes... Und darum sage ich abermals, wie ich vorhin (schon) sagte: Kein Mensch hier ist so grobsinnig, so verständnislos und so untüchtig dazu, vermag er nur seinen Willen durch die Gnade

Gottes lauterlich und ganz mit dem Willen Gottes zu vereinen, so braucht er in seinem Verlangen nur zu sprechen: «Herr, weise mir deinen liebsten Willen und stärke mich, den zu tun!», und Gott *tut* es so gewiß, wie er lebt (P 27). Ich sage aber noch mehr – erschrecket nicht! denn diese Freude ist *euch* nahe und ist in *euch*! –: Es ist keiner von euch so grobsinnig noch so klein an Fassungskraft noch so weit davon entfernt, daß er diese Freude nicht mit Freude und mit Erkenntnis so, wie sie wahrheitsgemäß ist, in sich finden könnte, noch ehe ihr heute aus dieser Kirche kommt, ja, noch ehe ich heute meine Predigt beendige (P 27).

Diese Freude ist uns deshalb nahe und ist deshalb in uns, weil Gott selbst in uns ist, in dem *alle* Sehnsucht gestillt ist:

Gott allein ist deine höchste Seligkeit und dein letztes Ziel

[Der Mensch, der Gott wahrhaft erkennt], erkennt sich selbst und andere Dinge überhaupt nicht, vielmehr nur Gott allein, fürwahr, wenn er selig wird und selig ist in der Wurzel und im Grunde der Seligkeit (T III).

Wie ist das gemeint? Eckhart versucht es zu verdeutlichen mit dem, was Paulus erlebte, als ihm auf dem Weg nach Damaskus Christus erschien und er vor diesem göttlichen Licht erblindete: Wer Gott wahrhaft schaut, hat keine Möglichkeit mehr, irgend etwas anderes wahrzunehmen:

Dadurch, daß er von jenem Licht umfangen war, sah er sonst nichts; denn alles, was zu seiner Seele gehörte, war bekümmert und beschäftigt mit dem Lichte, das Gott ist, so daß er sonst nichts wahrzunehmen vermochte. Und das ist uns eine gute Lehre; denn, wenn wir uns um Gott bekümmern, so sind wir wenig von außen her bekümmert (P 37). [Wenn] das Fünklein der Seele das göttliche Licht ergreift, dann ... sucht [es] nichts (mehr) draußen (P 21).

Dieses Nicht-sehen und Nichts-mehr-draußen-suchen erstreckt sich nun nicht nur auf äußerlich Sichtbares, sondern – in letzter Eckhart'scher Konsequenz – auch auf alle inneren Bilder eines Menschen:

Gott der Vater gebiert seinen Sohn *in der Seele* Grunde und in ihrem Sein und vereinigt sich so mit ihr. Gäbe es da [aber] irgendein Bild, so wäre da keine wahre Einung; an solcher wahren Einung (aber) ist ihre ganze Seligkeit gelegen.
Nun könntet ihr sagen, in der Seele seien doch von Natur aus nichts als *Bilder*. Nein, keinesfalls! Denn, wäre das wahr, so würde die Seele nimmer selig. Gott könnte nämlich keine Kreatur schaffen, aus der du vollkommene Seligkeit empfingest; sonst wäre nicht *Gott* die höchste Seligkeit und das letzte Ziel, wo es doch seine Natur ist und er will, daß *er* ein Anfang und ein Ende aller Dinge sei (P 57). [Deshalb soll der Mensch] so ledig sein alles Wissens, daß er nicht wisse noch erkenne noch empfinde, daß Gott in ihm lebt, – mehr noch: er soll ledig sein alles Erkennens, das in ihm lebt ...
[Denn] es gibt ein Etwas in der Seele, aus dem Erkenntnis und Liebe ausfließen; es selbst er-

kennt und liebt nicht ... Wer *dieses* (Etwas) kennen lernt, der erkennt, worin die Seligkeit liegt. Es hat weder Vor noch Nach, und es wartet auf nichts Hinzukommendes (P 32).

Diesen inneren Zustand, daß ein Mensch nicht mehr «auf ein Hinzukommendes wartet», weil er «wunschlos glücklich» ist, weil ihm in diesem Augenblick schlechthin gar nichts zu fehlen scheint, bezeichnet auch unsere Sprache als «Seligkeit» – ahnender Vorgeschmack einer Wirklichkeit, von der Eckhart erfüllt ist.

Alles, was Gott ist, das empfängt die Seele. Wonach die Seele begehrt, das ist nun bereit

Daß Gott mit der Gnade in der Seele ist, das trägt mehr Licht in sich, als alle Vernunft aufzubringen vermöchte; ja, alles Licht, das die Vernunft aufzubringen vermag, ist gegen dieses Licht wie ein einziger Tropfen gegenüber dem Meer und noch tausendmal kleiner (P 33). Wenn man einen Tropfen in das wilde Meer gösse, so verwandelte sich der Tropfen in das Meer und nicht das Meer in den Tropfen. So (auch) geschieht es der Seele: wenn Gott sie in sich zieht, so verwandelt sie sich in ihn, so daß die Seele göttlich wird, nicht aber Gott zur Seele (P 55).

Der Mensch kann es mit seiner Vernunft nicht begreifen, worum es hier geht: um ein einzigartiges Einswerden des Menschen mit Gott, wobei doch der Unterschied nicht aufgehoben ist:

Soweit der Mensch ... niemandem mehr gehört als Gott allein und für nichts mehr lebt als einzig für Gott, dann ist er wahrlich dasselbe durch Gnade, was Gott ist von Natur ... Ich habe nun aber gesagt: «durch Gnade». Denn da ist (einerseits) Gott und ist (anderseits) dieser Mensch, und so wie Gott gut ist von Natur, so ist dieser Mensch gut durch Gnade; denn Gottes Leben und sein Sein ist ganz und gar in diesem Menschen (P 27).

Daß die Vollkommenheit des Menschen und gleichzeitig seine tiefste Erfüllung im Annehmen des Willens Gottes liegen, davon war schon vielfach die Rede. Wie sehr sich Meister Eckhart darum müht, dieses sein innerstes Anliegen als Vorbedingung für die verheißene Fülle aufzuzeigen, das spürt man wieder daran, daß er in Paradoxen und Übersteigerungen spricht, indem er so versucht, das Allerletzte, eigentlich Unsagbare, aufleuchten zu lassen:

Es ist eine sichere und eine notwendige Wahrheit: Wer immer seinen Willen Gott gänzlich aufgibt, der fängt Gott und bindet Gott, so daß Gott nichts vermag, als was der Mensch will. Wer immer seinen Willen gänzlich aufgibt, dem gibt Gott hinwieder seinen Willen so gänzlich und so eigentlich, daß Gottes Wille dem Menschen zu eigen wird, und er (= Gott) hat bei sich selbst geschworen, daß er nichts vermag, als was der Mensch will; denn Gott wird niemals irgendwessen Eigen, der nicht zuerst sein (= Gottes) Eigen geworden ist (P 38).

So kann sich der demütige Mensch, der sich entleerende Mensch für Gott öffnen, daß ihm Gott nichts, schlechthin gar nichts versagt, wonach er in seinen verborgensten Wünschen und Sehnsüchten begehrt:

Nun sagt ein Heiliger von einer Gott-liebenden Seele, daß sie Gott zwingt zu allem, was sie will, und ihn vollends betört, so daß er ihr nichts von allem dem versagen kann, was er ist (P 20). [Denn]alles, was er ist, das empfängt die Seele. Wonach die Seele begehrt, das ist nun bereit (P 20).

Welch wundersames und wonnigliches Leben!

Die ganze Fülle Gottes wird als das Ziel aller Gelassenheit und aller rechten Leiderfahrung von Eckhart in stammelnden, unzulänglichen Worten vor uns hingestellt:

Schmeckte dir nun der Wille Gottes, so fühltest du dich recht wie im Himmelreich, was immer dir widerführe oder nicht widerführe (P 46).
Nun merke, welch wundersames und wonnigliches Leben dieser Mensch «auf Erden» «wie im Himmel» in Gott selbst hat! Ihm dient Ungemach zu Gemach und Leid gleicherweise wie Liebes ... Wenn ich die Gnade und die Gutheit habe, von der ich gerade gesprochen habe, so bin ich allzeit und in allen Dingen gleichmäßig völlig getröstet und froh; habe ich aber nichts davon, so soll ich's um Gottes willen und in Gottes Willen entbehren. Will Gott geben, wonach ich begehre, so habe ich es damit und bin in Wonne; will Gott hingegen nicht geben, nun, so empfange ich's entbehrend im gleichen Willen Gottes, in dem er eben *nicht* will, und so also empfange ich, indem ich entbehre und nicht nehme. Woran fehlt's mir dann? Und sicherlich, im eigentli-

cheren Sinne nimmt man Gott entbehrend als nehmend; denn, wenn der Mensch empfängt, so hat die Gabe das, weswegen der Mensch froh und getröstet ist, in sich selbst. Empfängt man aber nicht, so hat noch findet noch weiß man nichts, worüber man sich freuen könnte, als Gott und Gottes Willen allein (T II/2). Denn der Mensch, der so geartet ist, hat alles, was er will, und will nichts Schlechtes, und das ist Seligkeit (T II/2).

Diese Seligkeit ist also nicht im Gefühl des Menschen beheimatet, sondern allein in seinem «Willen» – in dem, was für ihn Ziel und Inhalt seines Lebens ist. Und dabei ist es unendlich viel wichtiger, daß *Gott* an meinem Leben Freude hat, als daß ich diese Freude in meinem Gefühl spüre. Wieder kommt er ins Stammeln vor innerer Bewegung, wo er von der Freude Gottes spricht:

«*Freuet* euch, Himmel und Erde!» Wahrlich, wahrlich! Bei Gott, bei Gott! Seid dessen so gewiß, wie daß Gott lebt: Das geringste gute Werk oder der geringste gute Wille oder das geringste gute Begehren, darüber freuen sich alle Heiligen im Himmel und auf Erden und alle Engel in einer solchen Freude, daß diese ganze Welt eine gleiche Freude nicht zu bieten vermag! Und je höher ein jeglicher Heiliger ist, um so größer ist seine Freude; gleichviel ist alle diese Freude zusammen recht so klein wie eine Linse gegenüber der Freude, die *Gott* an jenem Werke hat. Denn Gott hat ein rechtes Vergnügen und Lachen bei [jedem] guten Werke [das Gott zu Lobe geschieht] (P 41) und darum wird Gott durch eine jegliche Tugend des Gerechten …

erfreut. Und nicht nur durch eine jegliche *Tugend*, sondern auch durch jegliches *Werk* des Gerechten, wie gering es auch sein mag, ... durch das wird Gott erfreut, ja *durchfreut;* denn nichts bleibt in seinem Grunde, was nicht von Freude durchkitzelt würde (P 25).

Was an Seligkeit in die Seele kommen soll, das muß notwendig mit der Gottesgeburt in die Seele kommen

Wahrlich, was an Vollkommenheit in die Seele kommen soll, sei's göttliches, einförmiges Licht oder Gnade und Seligkeit, das alles muß notwendig *mit dieser Geburt* in die Seele kommen und in keiner Weise sonst. Warte nur auf diese Geburt in dir, so findest du alles Gute und allen Trost, alle Wonne, alles Sein und alle Wahrheit. Versäumst du *dies*, so versäumst du *alles* Gute und alle Seligkeit (P 58).

Nun könntet du sagen: Je nun, Herr, Ihr meint immerzu, es müsse dahin kommen, daß *in mir* diese Geburt geschehe, der Sohn geboren werde. Wohlan denn! Könnte ich dafür ein Zeichen haben, woran ich erkennen könnte, daß es (wirklich) geschehen wäre? – Ja, gewiß! ... Wenn diese Geburt wirklich geschehen ist, dann können dich alle Kreaturen nicht (mehr) hindern; sie weisen dich vielmehr alle zu Gott und zu dieser Geburt ... Ja, was dir vorher ein Hindernis war, das fördert dich nun zumal ... In allem, was du siehst und hörst, was es auch sei, – in allen Dingen kannst du nichts anderes aufnehmen als diese Geburt; ja, alle Dinge werden dir lauter Gott, denn in allen Dingen hast du nichts im Auge als nurmehr Gott. Recht, wie wenn ein Mensch die Sonne lange ansähe: was er danach ansähe, darin erschiene das Bild der Sonne (P 59). Oh, wären doch der Seele Augen aufgetan, so daß das Erkennen klar die Wahrheit anschaute! (P 39) Wenn du Gott hast, so hast du mit Gott alle Dinge. Ich habe zuweilen gesagt: Wer Gott hat und zu Gott hinzu alle Dinge, der hat nicht mehr als einer, der Gott allein hat (P 38).

O wie edel ist jene Kraft, die da über die Zeit erhaben steht und ohne Stätte ist

In der Seele ist eine Kraft, der sind alle Dinge gleich süß; ja, das Allergeringwertigste und das Allerbeste, das ist ganz gleich für diese Kraft; sie faßt alle Dinge oberhalb von «Hier» und «Jetzt». «Jetzt» – das ist Zeit, und «Hier» – das ist die Stätte, an der ich jetzt stehe (P 39).

«Oberhalb» von Raum und Zeit zu stehen, das hatte Meister Eckhart bereits in seinen «Reden der Unterweisung» als Ziel aufgestellt (s. S. 77). Später, in seinen Predigten, führt er diesen Gedanken weiter bis zu seiner letzten Konsequenz: Bin ich an allen Orten Gott gleich nahe, so kann ich diese Wirklichkeit auch in der entgegengesetzten Richtung sehen: Lebe ich – wo ich mich auch befinde – in Gott, also an einem Ort jenseits von «Hier» und «Jetzt», dann hat die Unterschiedenheit von Ort und Zeit für mich letztlich keine Bedeutung mehr:

Gestern saß ich an einer Stätte und sprach dort ein Wort, das klingt gar unglaublich, – ich sagte da: Jerusalem ist meiner Seele ebenso nahe wie die Stätte, wo ich jetzt stehe.

Das gilt nicht nur für die «Stätten», das gilt ebenso für die Lebenszeiten. So fährt er unvermittelt fort:

Wisset, meine Seele ist so jung, wie da sie geschaffen ward, ja, noch viel jünger! Und wisset, es sollte mich nicht wundern, wenn sie morgen noch jünger wäre als heute! (P 39)

Man sieht es wieder an diesen Worten: Anders als in Paradoxen kann der Mensch von dieser Wirklichkeit jenseits von Raum und Zeit überhaupt nicht sprechen. Wo keine unterschiedene Zeit mehr ist, da ist «die Fülle der Zeit»:

Als die Zeit erfüllt war ... Wann ist «Fülle der Zeit»? – Wenn es keine Zeit mehr gibt. Wenn man *in* der Zeit sein Herz in die Ewigkeit gesetzt hat und alle zeitlichen Dinge in einem tot sind, so ist das «Fülle der Zeit» (P 12).

Wo ich aber jenseits der Zeit stehe, bekomme ich auch das neu zu eigen, was mir die vergehende Zeit scheinbar unwiderruflich genommen hat, meine Vergangenheit:

Wenn immer sich dieser Wille von sich selbst und aller Geschaffenheit (nur) einen Augenblick zurück in seinen ersten Ursprung kehrt, so steht der Wille (wieder) in seiner rechten freien Art und ist frei; und *in diesem Augenblick wird alle verlorene Zeit wieder eingebracht* (P 6).

Wenn ein Kind, angerührt von der unendlichen Kraft und den unfaßbaren Möglichkeiten Gottes, eines Tages beginnt, Gott um den guten Ausgang einer Entscheidung zu bitten, die bereits vor einigen Tagen gefallen ist («weil es vor Gott doch gleich ist, ob ich heute so bete oder vor einer Woche so gebetet hätte»), so hat dieses Kind etwas von dem begriffen, was Meister Eckhart zu sagen versucht: daß Gott jenseits des Zeitablaufes steht, dem wir als Menschen unterworfen sind. Und was könnte es für unsere der Hektik verfallene Zeit bedeuten, wenn wir uns folgendes Wort Eckharts zu eigen machen könnten:

Dem rechten Menschen in solch vollkommen gutem Willen *kann* denn auch *keine Zeit zu kurz sein.* Denn, wo es um den Willen so steht, daß er vollends alles will, was er vermag – nicht nur jetzt, sondern, sollte er tausend Jahre leben, er wollte alles tun, was er vermöchte –, ein solcher Wille trägt soviel ein, wie man in tausend Jahren mit Werken leisten könnte: vor Gott *hat* er alles getan (T I/21).

Alles, was Eckhart über dieses Sein «jenseits von Hier und Nun» sagt, ist bei ihm umgriffen von seinem tiefsten Anliegen. Immer geht es ihm um das einzig Wichtige: die Gottesgeburt im Menschen. *Damit diese geschehen kann,* muß sich der Mensch an den «Ort» begeben, der jenseits von Raum und Zeit liegt:

O, wie edel ist jene Kraft, die da über die Zeit erhaben steht und ohne Stätte ist! (P 49) Da [nämlich] ist Gottes Tag, wo die Seele in dem Tage der Ewigkeit steht in einem wesenhaften Nun, und da gebiert der Vater seinen eingeborenen Sohn in einem gegenwärtigen Nun, und wird die Seele wiedergeboren in Gott (P 11). Diese Geburt geschieht nicht *einmal* im Jahre noch *einmal* im Monat noch *einmal* am Tage, sondern *allezeit,* das heißt oberhalb der Zeit in der Weite, wo weder Hier noch Nun ist (P 51).

Wer jenseits der Zeit steht, der erfährt auch eine völlig neue Möglichkeit, das sakramentale Geschehen, wie es die Kirche anbietet, aus der Begrenzung an Raum und Zeit herauszunehmen und in das stets gegenwärtige Nun Gottes zu stellen:

Dieses Empfangen und selige Genießen des Leibes unseres Herrn hängt nicht nur am äußeren Genuß, sondern liegt auch im *geistigen* Genuß mit begehrendem Gemüt und in andachtsvoller Einung. *Dies* kann der Mensch so vertrauensvoll empfangen, daß er reicher an Gnaden wird als irgendein Mensch auf Erden. Dies kann der Mensch tausendmal am Tag und öfter vollziehen, er sei, wo er wolle, ob krank oder gesund. Jedoch soll man sich wie zum Sakramentsempfang dazu bereiten und nach der Weise guter Verordnung und entsprechend der Stärke des Verlangens. Hat man aber kein Verlangen, so reize und bereite man sich dazu und halte sich dementsprechend, so wird man heilig in der Zeit und selig in der Ewigkeit; denn Gott nachgehen und ihm folgen, das ist Ewigkeit (TI/20).

Wenn der Mensch über die Zeit in die Ewigkeit erhoben ist, so wirkt er dort ein Werk mit Gott

Im Blick auf das «Wirken» des Menschen, der bereits hier in der Ewigkeit Gottes lebt, enthüllt sich auch die neue Dimension solchen Wirken-könnens als ein unauslotbares Geheimnis. Meister Eckhart umkreist dieses in immer neuen Versuchen, das Unaussprechliche auszusprechen.

Wo ein Mensch wahrhaft in Gott lebt, wird sein ganzes Tun ein *Mitwirken* mit Gott – und zwar nicht nur so, daß Gott in allem Tun des Menschen gegenwärtig ist, sondern so, daß der Mensch in alles Wirken Gottes einbezogen wird:

Wenn der Mensch erhoben ist über die Zeit in die Ewigkeit, so wirkt dort der Mensch *ein* Werk mit Gott ... [Denn] in der Ewigkeit gibt es kein Vor und Nach. Darum, was vor tausend Jahren geschehen ist und nach tausend Jahren (geschehen wird) und jetzt geschieht, das ist *eins* in der Ewigkeit ... Darum wirkt der Mensch, der über die Zeit erhoben ist in die Ewigkeit, mit Gott, was Gott vor tausend und nach tausend Jahren gewirkt hat. Auch dies ist für weise Leute eine Sache des Wissens und für grobsinnige eine Sache des Glaubens (P 25).

Konkret verdeutlicht er, was er meint, in einer seiner inhaltsschwersten Predigten, der Predigt über Maria und Martha. Dort führt er aus, weshalb der Mensch zugleich «Jungfrau» und «Weib» sein müsse:

Daß der Mensch Gott in sich *empfängt,* das ist gut, und in dieser Empfänglichkeit ist er Jungfrau. Daß aber Gott fruchtbar in ihm werde, das ist besser; denn Fruchtbarwerden der Gabe, das allein ist Dankbarkeit für die Gabe, und da ist der [Mensch] Weib ...
Eine Jungfrau, die ein Weib ist, die frei ist und ungebunden ohne Ich-Bindung, die ist Gott und sich selbst allzeit gleich nahe. Die bringt viele Früchte, und die sind groß, nicht weniger und nicht mehr als Gott selbst ist. Diese Frucht und

diese Geburt bringt diese Jungfrau, die ein Weib ist, zustande, und sie bringt alle Tage hundertmal oder tausendmal Frucht, ja unzählige Male, gebärend und fruchtbar werdend aus dem alleredelsten Grunde; noch besser gesagt: fürwahr, aus demselben Grunde, daraus der Vater sein ewiges Wort gebiert, aus dem wird sie fruchtbar mitgebärend (P 2).
[Dabei] *wirkt* Gott sein eigenes Werk und der Mensch *erleidet* Gott so in sich (P 32). [Und] dein Erleiden ist *so* dein höchstes Wirken (P 58).

Das wäre ein seliges Leben, wo alle Tugenden, die alle Menschen je wirkten, dir vollkommen zugehörten

Wo ich Gottes Wirken voll in mir Raum gebe, trete ich damit ein in die Fülle der Gutheit Gottes. Damit wird mir zu eigen *alles* Gute, sowohl das, was in Gott selbst ist, als auch all das, was je ein Mensch in Lauterkeit für Gott und in Gott Gutes gewirkt hat. Eckhart kann sagen:

Alle die Werke, die alle Heiligen und alle Engel je wirkten, und selbst jene, die Maria, Gottes Mutter, jemals wirkte, durch die will ich ewige Freude empfangen, wie wenn ich sie selbst gewirkt hätte (P 38). [Ja, sogar] alle die Werke, die unser Herr je wirkte, die hat er mir so zu eigen gegeben, daß sie für mich nicht weniger lohnwürdig sind als meine eigenen Werke, die ich wirke (P 5).

Wie aber ist solches vorstellbar? Meister Eckhart benutzt zur Erklärung seiner These – die uns immer neu begegnet – das paulinische Bild vom Leib Christi, der viele Glieder hat. Doch nur «grob» vermag das sinnliche Gleichnis das Gemeinte zu verdeutlichen: daß wir als verschiedenartige Glieder am Leib je unsere eigenen Gaben haben, die dem ganzen Leib gehören.

Ich gebe ein Gleichnis: Im Leibe sind alle Teile des Leibes so geeint, daß das Auge auch dem Fuße und der Fuß dem Auge gehört ... Ich sage: Im Reiche der Himmel ist alles in allem und alles eins und alles unser ... Was dort einer hat, das hat (auch) der andere und (zwar) nicht als von dem andern oder in dem andern, sondern als in ihm selbst (seiend), dergestalt, daß die Gnade, die in einem ist, völlig auch im andern ist, ganz so, wie seine eigene Gnade in ihm ist (P 35).

Alle diese Gedanken und Vorstellungen lassen ihn in einen Jubelruf ausbrechen:

O, das wäre ein edles Leben, es wäre ein seliges Leben! Wäre es nicht ein edles Leben, wenn ... alle Tugenden, die alle Menschen je wirkten, so vollkommen dir zugehören, als wenn du sie selbst gewirkt hättest, und zwar (als) lauterer und besser. Denn daß der Papst Papst ist, das schafft *ihm* oft große Mühsal; seine Tugend (aber) besitzest *du* in reinerer und unbedingterer Weise und mit Ruhe, und sie gehört mehr dir als ihm, dafern deine Liebe so lauter, so in sich entblößt ist, daß du nichts anderes im Auge hast noch liebst als die Gutheit und Gott (P 50).
Und auf solche Weise ist der Mensch allzeit in Freude, in Ehre und in Vorteil, so ist er recht wie im Himmelreich (P 4).

Warum werden wir nichts davon gewahr? Das Verspüren liegt nicht in deiner Gewalt, sondern in der seinen

Spätestens an dieser Stelle ist es nötig, auf eine Frage einzugehen, die dem Meister wohl oft gestellt worden sein mag, und die auch in uns selbst aufwachen muß, wenn immer wieder davon die Rede ist, daß der Mensch, «um den es recht steht», bereits hier und jetzt «recht wie im Himmelreich» leben könne:

Nun sprechen manche Leute: «Ihr tragt uns schöne Reden vor, wir aber werden nichts davon gewahr.» Das Gleiche beklage auch ich! (P 29)

«Das Gleiche beklage auch ich», sagt Eckhart. Er tut damit kund, daß diese Frage ihn selbst umtreibt. Gerade das aber wird für ihn zum Anlaß, nach Antworten zu suchen, die echte Hilfen sein können. Die *erste* Antwort, die er gibt, ist uns schon aus anderem Zusammenhang vertraut: Was der Mensch wahrhaft *will*, das ist ihm in Gottes Augen zu eigen:

Dieses Sein ist so edel und (doch) so allgemein, daß du es nicht zu kaufen brauchst, weder um einen Heller noch um einen halben Pfennig. Hab' nur ein rechtes Streben und einen freien Willen, so *hast* du es (P 29).

Eine *zweite* Antwort auf seine Frage weist darauf hin, daß die Wirklichkeit eines Geschehens nicht davon abhängt, ob ich es fühle oder erkenne:

Nun könntest du sagen: Wie kann das sein? Ich verspüre doch nichts von ihm. – Gib acht nun! Das Verspüren ist nicht in *deiner* Gewalt, sondern in der *seinen*. Wenn es ihm paßt, so *zeigt* er sich;

und er kann sich (doch auch) *verbergen,* wenn er will (P 59).

Vieles kann Wirklichkeit sein, ohne daß ich es erkenne:

Dies meinte Christus, als er zu Nikodemus sprach: «Der Geist geistet, so er will; du hörst seine Stimme, weißt aber nicht, woher er kommt oder wohin er zieht» (Joh 3,8), ... als wenn er hätte sagen wollen: Du *empfängst* ihn und weißt doch nichts davon (P 59).

Das hängt zusammen mit dem tiefsten Geheimnis Gottes, dem das Geheimnis der menschlichen Seele entspricht:

Wenngleich du von diesem Sprechen nichts hörst noch verstehst, so gibt es doch eine Kraft in der Seele – über die ich sprach, als ich neulich hier predigte –, die ist ganz abgelöst und ganz lauter in sich selbst und göttlicher Natur eng verwandt: in dieser Kraft wird es verstanden (P 50).

Hier finden wir eine *dritte* Antwort auf die gestellte Frage: Dort, wo die Seele in ihrer Namenlosigkeit der Namenlosigkeit Gottes gleicht, kennt sie nur noch ein Verstehen, das jenseits des «Begreiflichen» liegt, weil es jenseits alles Bildhaften geschieht:

Nun könntest du fragen: *Was* wirkt (denn) Gott ohne Bild in dem Grunde und in dem Sein? Das kann ich nicht wissen, weil die [Vernunft des Menschen nur in Bildern begreifen kann] ... und deshalb, weil alle Bilder von außen hereinkommen, darum bleibt jenes (= was Gott ohne Bild im Grunde wirkt) ihr verborgen; das aber ist für sie das allernützlichste. Dieses *Nichtwissen* reißt sie hin zu etwas Wundersamem und läßt sie diesem nachjagen, denn sie empfindet wohl, *daß* es ist, weiß aber nicht, *wie* und *was* es ist... In diesem Sinne sprach auch Sankt Augustinus: Ich werde etwas in mir gewahr, das strahlt und glänzt vor meiner Seele: würde das in mir zur Vollendung und zur Beständigkeit gebracht, das müßte das ewige Leben sein. Es verbirgt sich und bekundet sich doch; es kommt aber in Diebesweise und strebt danach, der Seele alle Dinge wegzunehmen und zu stehlen. Daß es sich aber (doch) ein wenig kundgibt und offenbart, damit möchte es die Seele reizen und nach sich ziehen und sie ihrer selbst berauben und entäußern (P 57).

Dieses wechselweise Sich-zeigen und Sich-verbergen Gottes ist letzten Endes nichts anderes als das geheimnisvolle Spiel seiner Liebe, das der Mensch erlebt, den Gott mehr und mehr an sich ziehen will:

Wo ist dieser Gott? – Recht, wie sich ein Mensch verbirgt, sich aber dann räuspert und sich damit selbst verrät, so auch hat Gott getan. Niemand hätte je Gott finden können; nun aber hat er sich (selbst) verraten. Ein Heiliger spricht: Ich empfinde mitunter solche Süßigkeit in mir, daß ich mich selbst und alle Kreaturen vergesse und völlig in dich zerfließen will. Wenn ich's aber ganz umfangen will, Herr, so nimmst du mir's. Herr, was meinst du damit? Reizest du mich, warum nimmst du mir's dann? Liebst du mich, warum fliehst du mich dann? Ach, Herr, das tust du zu dem Ende, daß ich viel von dir empfangen könne! (P 41)

Dieses «erkennende Nichterkennen» hat also seinen tiefen Sinn. Eckhart ist sich bewußt, in diesem Zusammenhang Dinge zu sagen, die vor ihm noch keiner gesagt hat:

Die über den Adel der Seele geschrieben haben, die waren da noch nicht weiter gekommen, als sie ihre natürliche Vernunft trug; sie waren nie in den *Grund* gekommen: drum mußte ihnen vieles verborgen sein und blieb ihnen unerkannt ... Weil es so verborgen ist, darum kam dieses Wort in der Nacht, in der Finsternis. Sankt Johannes sagt: «Das Licht leuchtete in der Finsternis; es kam in sein Eigen, und alle, die es aufnahmen, die wurden gewaltiglich Gottes Söhne: ihnen ward Gewalt gegeben, Gottes Söhne zu werden» (Joh 1,5.11.12).
Nun beachtet hier (endlich noch) den *Nutzen* und die *Frucht* dieses heimlichen Wortes und dieser Finsternis. Nicht nur der Sohn des himmlischen Vaters wird in dieser Finsternis, die sein Eigen ist, geboren: auch *du* wirst da geboren als desselben himmlischen Vaters Kind und keines andern und er gibt (auch) *dir* jene Gewalt. Erkenne nun: welch ein Nutzen! Bei aller Wahrheit, die alle Meister mit ihrer eigenen Vernunft und Erkenntnis je lehrten oder jemals lehren werden bis zum Jüngsten Tage, haben sie doch nie das Allermindeste in *diesem* Wissen und in *diesem* Grunde ver-

standen. Wenngleich es ein Unwissen heißen mag und ein Nicht-Erkennen, so enthält es doch mehr als alles Wissen und Erkennen außerhalb [dieses Grundes]; denn dieses Unwissen lockt und zieht dich fort von allen Wissensdingen und überdies von dir selbst (P 57).
Wenn (hingegen) der Mensch der Dinge Bewandtnis weiß, dann ist er alsbald der Dinge müde und sucht wieder etwas anderes zu erfahren und lebt dabei doch immerfort in bekümmertem Verlangen, diese Dinge zu erkennen und kennt doch kein Dabei-Verweilen. Daher: *(Nur) das nichterkennende Erkennen hält die Seele bei diesem Verweilen und treibt sie doch zum Nachjagen an* (P 57).

Dieses ist die letzte und auch zugleich die tiefste Antwort, die Meister Eckhart auf die Frage gibt, weshalb auch der gelassene Mensch oft so wenig von der Wirklichkeit Gottes, von der Realität des ewigen Lebens schon hier und jetzt spürt und erkennt. «Haben» können wir diese Gabe nie als festen Besitz, sondern immer nur so, daß wir «ihr nachjagen»:

Sankt Paulus ermahnt uns dazu, diesem nachzujagen, bis wir es erspüren, und nimmer aufzuhören, bis wir es ergreifen. Als er in den dritten Himmel entrückt war, in die Kundgabe Gottes, und alle Dinge geschaut hatte, da hatte er, als er wieder kam, nichts vergessen: es lag ihm (aber) so tief drinnen im Grunde, daß seine Vernunft nicht dahin gelangen konnte; es war ihm verdeckt. Darum mußte er ihm nachlaufen und es in sich, nicht außer sich erreichen. Es ist gänzlich innen, nicht außen, sondern völlig innen (P 57).

Es gibt da kein Zurückkehren, sondern nur ein beständiges Vorwärtsdringen

Das «nichterkennende Erkennen», von dem die Rede war, kann den Menschen bis an die letzte Grenze des Ertragbaren führen:

Nun könntest du sagen: Je nun, Herr, was soll denn meine Vernunft tun, wenn sie so ganz ledig stehen muß ohne alles Wirken? Ist dies die beste Weise, wenn ich mein Gemüt in ein nichterkennendes Erkennen erhebe, das es doch gar nicht geben kann? Denn, erkennte ich etwas, so wäre das kein Nicht-Erkennen und wäre auch kein Ledig- und Bloß-Sein. Soll ich denn also völlig in Finsternis stehen? – Ja, sicherlich! Du kannst niemals besser dastehen, als wenn du dich völlig in Finsternis und in Unwissen versetzest. – Ach, Herr, muß es ganz weg, kann's da keine Wiederkehr geben? – Nein, traun, es kann da keine wirkliche Wiederkehr geben. – Was aber ist diese Finsternis, wie heißt sie, oder wie ist ihr Name? – Ihr Name besagt nichts anderes als eine Empfänglichkeitsanlage, die (indessen) durchaus nicht des Seins ermangelt oder entbehrt, sondern eine vermögende Empfänglichkeit, worin du vollendet werden sollst. Und darum gibt es kein Wiederkehren daraus. Solltest du aber doch wiederkehren, so kann nicht irgendeine *Wahrheit* Beweggrund dazu sein, sondern nur etwas anderes, (seien's) die Sinne oder die Welt oder der Teufel. Überläßt du dich aber dieser Umkehr, so fällst du notwendig in Sünde und kannst dich so weit abkehren, daß du den ewigen Sturz tust. Drum gibt es da kein Zurückkehren, sondern nur ein beständiges Vorwärtsdrängen und ein Erreichen und Erfüllen der Anlage. Diese (Anlage) ruht nimmer, bis sie mit vollem Sein erfüllt wird (P 59).

Eckhart weiß sehr wohl um die tödliche Gefahr, die ein bewußtes und willentliches Sich-abwenden von Gott gerade für den begnadeten Menschen bedeutet. Daß die «Begnadeten immer zugleich die Gefährdeten sind», weiß Meister Eckhart wie jeder andere, der Gott wahrhaft nahe gekommen ist. Je weiter der Mensch auf seinem Weg zu Gott ist, desto unerbittlicher wird die ganze Kraft seiner Liebe eingefordert. Das Geheimnis des «gelassenen Menschen», des «lauteren, entblößten Menschen» ist nichts anderes als das Geheimnis der Liebe selbst. Liebe aber hat ihre eigene Dynamik:

Gottes aber soll's dir nie genug sein! Denn Gottes *kann* es dir nie genug sein: je mehr du von Gott hast, um so mehr begehrst du seiner; könnte es dir nämlich Gottes genug werden, so daß es in bezug auf Gott ein Genugsein gäbe, so wäre Gott nicht Gott (P 42).

In solcher Liebe aber gewinnt der Mensch sein tiefes Vertrauen, ja, seine «zweifelsfreie Sicherheit», daß ihn nichts mehr von Gott zu trennen vermag:

Weil Gott endlos ist, darum soll auch der Seele Liebe endlos sein

Wenn einer den anderen innig und vollkommen liebt, so schafft das Vertrauen; denn alles, worauf man bei Gott zu vertrauen wagt, das findet man wahrhaft in ihm und tausendmal mehr. Und wie ein Mensch Gott nie zu sehr liebhaben kann, so könnte ihm auch nie ein Mensch zuviel vertrauen. Alles, was man sonst auch tun mag, ist nicht so förderlich wie großes Vertrauen zu Gott. Bei allen, die je große Zuversicht zu ihm gewannen, unterließ er es nie, große Dinge mit ihnen zu wirken. An allen diesen Menschen hat er ganz deutlich gemacht, daß dieses Vertrauen aus der Liebe kommt; denn die Liebe hat nicht nur Vertrauen, sondern sie besitzt auch ein wahres Wissen und eine zweifelsfreie Sicherheit (T I/14).

Aus dieser «zweifelsfreien Sicherheit» mag es kommen, daß die tiefsten Worte, die wir bei Eckhart finden, das Thema der *Liebe* umkreisen:

Liebe in ihrem lautersten, ganz in sich selbst abgelösten Sein ist nichts anderes als Gott (P 50).

Wie aber sieht solche «lautere, in sich selbst abgelöste Liebe» aus?

Liebe hat kein Warum. Hätte ich einen Freund und liebte ich ihn darum, daß mir Gutes von ihm geschähe und mein voller Wille, so liebte ich nicht meinen Freund, sondern mich selbst. Ich soll meinen Freund lieben um seiner eigenen Güte und um seiner eigenen Tugend und um alles dessen willen, was er in sich selbst ist: dann (erst) liebe ich meinen Freund recht, wenn ich ihn so, wie eben gerade gesagt wurde, liebe. Ganz so steht es bei dem Menschen, der da in Gottes Liebe steht, der des Seinen nichts sucht an Gott noch an sich selbst noch an irgendwelchen Dingen und Gott allein um seiner Güte ... und um alles dessen willen liebt, was er in sich selbst ist. Und *das* ist rechte Liebe (P 31).

Um das Gemeinte ganz deutlich zu machen, benutzt Eckhart auch hier wieder Paradoxe:

Du sollst Gott lieben ungeachtet seines Liebenswertseins, das heißt: nicht deshalb, weil er liebenswert wäre; denn Gott ist nicht liebenswert: er ist über alle Liebe und Liebenswürdigkeit erhaben (P 42).

Wie groß aber kann unsere Liebe zu Gott werden?

Weil Gott endlos ist, darum soll (auch) der Seele Liebe endlos sein. Lebte ein Mensch tausend Jahre, er könnte (immer noch) zunehmen an Liebe, wie man am Feuer erkennen kann: solange es Holz hat, solange wirkt das Feuer. Je nachdem wie groß das Feuer ist und wie stark der Wind weht, danach wird auch das Feuer groß. Und so wollen wir unter dem Feuer die Liebe und unter dem Winde den Heiligen Geist verstehen im Hinblick auf das Wirken des Heiligen Geistes in der Seele. Je größer die Liebe in der Seele ist und je stärker der Wind, der Heilige Geist, weht, um so vollkommener ist das Feuer, jedoch nicht mit einem Male, sondern allmählich durch das Zunehmen der Seele. Denn stünde der Mensch miteins in Brand, das wäre nicht gut. Darum weht der Heilige Geist allmählich, auf daß der Mensch, sollte er (auch) tausend Jahre leben, zunehmen könnte an Liebe (P 54).

Sankt Bernhard sagt: (Die Weise) Gott zu lieben, das ist Weise ohne Weise. Ein Arzt, der einen Kranken gesund machen will, der hat keine (bestimmte) Weise der Gesundheit, *wie* gesund er den Kranken machen wolle; er hat wohl eine Weise, *womit* er ihn gesund machen will; *wie* gesund aber er ihn machen will, das ist ohne (bestimmte) Weise: so gesund, wie er nur immer vermag. *Wie* lieb wir Gott haben sollen, dafür gibt es keine (bestimmte) Weise: so lieb, wie wir nur immer vermögen, das ist *ohne* Weise (P 10), das heißt: über alles hinaus, was man zu sagen vermag (P 54).

Im Blick auf diese Liebe kann Meister Eckhart Aussagen machen, die er selbst als «unglaublich klingend» bezeichnet:

Sankt Augustinus sagt: Was der Mensch liebt, das wird er in der Liebe. Sollen wir nun sagen: Wenn der Mensch Gott liebt, daß er dann Gott werde? Das klingt, wie wenn es Unglaube sei. In der Liebe, die ein Mensch schenkt, gibt es keine Zwei, sondern (nur) Eins und Einung, und in der Liebe bin ich mehr [in] Gott, als daß ich in mir selbst bin. [Denn der Mensch lebt mehr dort, wo er liebt, als dort, wo er sich befindet.] Der Prophet spricht: «Ich habe gesagt, ihr seid Götter und Kinder des Allerhöchsten» (Ps 81,6). Das klingt verwunderlich, daß der Mensch in solcher Weise Gott zu werden vermag in der Liebe; jedoch ist es wahr in der ewigen Wahrheit. Unser Herr Jesus Christus beweist es (P 50).

Am Ende einer Predigt über die Liebe muß er so überwältigt gewesen sein, daß er wieder ins Stammeln geriet:

Von dem dritten Wörtlein will ich nun gar nicht mehr sprechen, da er sagt: «Ich habe euch auserwählt – gesättigt, gesättigt – gestillt, gestillt – gefestigt, gefestigt –, auf daß ihr gehet und Frucht bringet und die Frucht bei euch bleibe» (Joh 15,16) (P 50).

Und in einer anderen Predigt läßt er seine Hörerinnen ein wenig hineinschauen in die Tiefe seiner Liebe:

Unterwegs, als ich hierher gehen sollte, fiel mir ein, ich möchte (lieber) nicht hierher gehen, weil ich doch (wohl) tränenbenetzt werden würde aus Liebe. Wann ihr (je) euch (mit Tränen) benetzt habt aus Liebe, das wollen wir auf sich beruhen lassen. Freude und Leid kommen aus der Liebe (P 23).

Ein Mensch, der hierin recht stünde, könnte nimmermehr von Gott geschieden sein

Wenn mir jemand gebietet, was mir süß, was mir nütze ist und worin meine Glückseligkeit liegt, so ist mir das gar lieb. Wenn mich dürstet, so gebietet mir der Trank; wenn mich hungert, so gebietet mir die Speise. Und so auch tut es Gott, ja, (er gebietet) so Süßes, daß diese ganze Welt Gleiches nicht zu bieten vermag. Und der (Mensch), der diese Süßigkeit (nur) *einmal* kostet, wahrlich, sowenig wie Gott sich von seiner Gottheit abzukehren vermag, ebensowenig kann sich

ein solcher Mensch mit seiner Liebe von der Gutheit und von Gott abkehren (P 50) ... Das Ziel der Liebe, auf das hin die Liebe alle ihre Werke wirkt, ist die Gutheit, und die Gutheit ist Gott. Sowenig mein Auge sprechen und meine Zunge Farbe erkennen kann, ebensowenig kann sich die Liebe auf irgend etwas anderes neigen als auf die Gutheit und auf Gott (P 50).
Nun sagen gewisse Leute: «Habe ich Gott und die Gottesliebe, so kann ich recht wohl alles tun, was ich will.» Die verstehen das Wort nicht recht. Solange du irgend etwas vermagst, das wider Gott und wider sein Gebot ist, solange hast du die Gottesliebe nicht; du magst die Welt wohl betrügen, als habest du sie. Der Mensch, der da in Gottes Willen steht und in Gottes Liebe, dem ist es lustvoll, alles das zu tun, was Gott lieb ist, und alles das zu lassen, was wider Gott ist; und ihm ist's ebenso unmöglich, irgend etwas zu unterlassen, was Gott getan haben will, wie irgend etwas zu tun, was wider Gott ist. Recht wie einem, dem seine Beine gebunden wären; so unmöglich es dem wäre zu gehen, ebenso unmöglich wäre es dem Menschen, der in Gottes Willen steht, irgend etwas Böses zu tun (P 29).

Geheimnisvollerweise aber bindet diese Liebe nicht, sondern setzt im Gegenteil in volle Freiheit:

Gott *zwingt* den Willen nicht, er setzt ihn (vielmehr) so in Freiheit, daß er nichts anderes will, als was Gott selber ist und was die Freiheit selbst ist ... Dies aber ist nicht seine *Unfreiheit*, es ist seine ureigene Freiheit (P 29). Und wahrhaftig glaube ich und bin dessen gewiß, daß *der* Mensch, der hierin recht stünde, nimmer von Gott geschieden werden kann, durch nichts auf irgendeine Weise. Ich sage: er kann auf keine Weise in Todsünde fallen (P 57).

Denn selbst wenn der Mensch, der einmal wahrhaft von Gott angerührt ist, ihm wieder ausweichen wollte, vermag er es gar nicht:

So auch geht es dem Menschen, der da wähnt, Gott zu entfliehen, und er kann ihm doch nicht entfliehen; alle Winkel offenbaren ihn. Er wähnt, Gott zu entfliehen und läuft ihm in den Schoß (P 23).

Wo immer ein Mensch sich mit allen seinen Kräften darum bemüht, Gott wahrhaft zu lieben, dort wird er erfahren, daß Gott selbst das Verkehrte immer wieder in die rechte Richtung zu bringen vermag.

Nichts macht dir Gott so zu eigen wie die Liebe. Wer diesen Weg gefunden hat, der suche keinen anderen

Am Ende dieses Buches, das nichts anderes wollte, als uns ein wenig Einblick geben in die tiefe und leidenschaftliche Frömmigkeit eines Menschen, der überwältigt ist vom Geheimnis der Wirklichkeit Gottes, soll ein Lobgesang auf die Liebe stehen. In ihm faßt Meister Eckhart noch einmal kurz und in der ihm eigenen Leidenschaftlichkeit zusammen, worum es ihm in aller seiner Verkündigung geht:

Und darum hat Gott es bei uns auf nichts so sehr abgesehen wie auf die Liebe. Denn es ist recht mit der Liebe wie mit der Angel des Fischers: Der

Fischer kann des Fisches nicht habhaft werden, er hänge denn an der Angel. Hat er den Angel (-haken) geschnappt, so ist der Fischer des Fisches sicher; wohin sich der Fisch auch drehen mag, hin oder her, der Fischer ist seiner ganz sicher. So auch sage ich von der Liebe: wer von ihr gefangen wird, der trägt die allerstärkste Fessel und doch eine süße Bürde. Wer diese süße Bürde auf sich genommen hat, der erreicht mehr und kommt damit auch weiter als mit aller Bußübung und Kasteiung, die alle Menschen (zusammen) betreiben könnten. Er vermag auch (sogar) heiter alles zu ertragen und zu erleiden, was ihn anfällt und Gott über ihn verhängt, und kann auch gütig alles vergeben, was man ihm Übles antut. Nichts bringt dich Gott näher und macht dir Gott so zu eigen wie dieses süße Band der Liebe. Wer diesen Weg gefunden hat, der suche keinen andern. Wer an dieser Angel haftet, der ist so gefangen, daß Fuß und Hand, Mund, Augen, Herz und alles, was am Menschen ist, allemal *Gottes* Eigen sein muß … Darum steht geschrieben: «Die Liebe ist stark wie der Tod, hart wie die Hölle» (Hohel 8,6). Der Tod scheidet die Seele vom Leibe, die Liebe aber scheidet alle Dinge von der Seele; was nicht Gott oder göttlich ist, das duldet sie keinesfalls. Wer in dieser Schlinge gefangen ist und auf diesem Wege wandelt, welches Werk er immer wirkt oder nicht wirkt, das ist völlig eins; ob er etwas tue oder nicht, daran ist ganz und gar nichts gelegen. Und doch ist eines solchen Menschen geringstes Werk oder Übung für ihn selbst und alle Menschen nützer und fruchtbringender und ist Gott wohlgefälliger als aller jener Menschen Übungen, die … geringere Liebe haben. Seine *Muße* ist nutzbringender als eines andern *Wirken*. Darum schau nur nach dieser Angel aus, dann wirst du glückhaft gefangen, und je mehr gefangen, um so mehr befreit.

Daß wir dergestalt gefangen und befreit werden, dazu helfe uns der, der selber die Liebe ist. Amen. (P 59)

ABKÜRZUNGEN DER QUELLEN

Sämtliche Angaben beziehen sich auf:
«Meister Eckhart, Deutsche Predigten und Traktate», herausgegeben von Josef Quint, München 1963

T I	Traktate: Reden der Unterweisung
T II	Traktate: Das Buch der göttlichen Tröstung
T III	Traktate: Vom edlen Menschen
P	Predigten (die Nummer weist auf die entsprechende Predigt hin)
L	Legenden
L II	Von dem guten Morgen
B	Bulle Johannes' XXII.

WEITERE VERÖFFENTLICHUNGEN DER AUTORIN

«Geistlicher Übungsweg für den Alltag», Graz 1989
«Dein Wort wird mich verwandeln», Freiburg 1991
«Einübung in christliche Mystik» – ein Kursus mit Meister Eckhart, Graz 1991
«Wege zum Wesentlichen», Freiburg 1992

INHALT

KLASSIKER DER MEDITATION

John Henry Newman
Dem Leben einen Sinn geben

Jean-Pierre de Caussade
Hingabe an Gottes Vorsehung

Franz von Assisi
Die Demut Gottes

Bernhard von Clairvaux
Die Botschaft der Freude

Gregor der Große
Kraft in der Schwachheit

Katharina von Siena
Engagiert aus Glauben

Bruder Klaus von Flüe
Rat aus der der Tiefe

Franz von Sales
Über die Gottesliebe

Thomas Merton
Meditationen eines Einsiedlers

Nikolaus von Kues
Aller Dinge Einheit ist Gott

Kleine Philokalie
Belehrungen der Mönchsväter
der Ostkirche über das Gebet

Teresa von Avila
Wege zum Gebet

Thomas von Kempen
Nachfolge Christi

Ignatius von Loyola
Trost und Weisung

BENZIGER

In der Reihe
Klassiker der Meditation
erschienen:

Edith Stein

Am Kreuz vermählt

Ausgewählt, eingeleitet und kommentiert
von Norbert Hartmann

136 Seiten, broschiert
ISBN 3 545 20521 5

«Dieser Band nimmt in der Edith-Stein-Literatur einen besonderen Platz ein. Dies nicht, weil etwa die biographischen Daten und deren Bedeutung so wesentlich ergänzt oder neu gesehen würden; die kundige Auswahl der Texte stellt den Eigenwert dieser Publikation dar.
Der Band ist imstande, Edith Stein auch anspruchsvollen Lesern zu erschließen und der Karmeliterin und Märtyrerin einen Platz in der Reihe der Klassiker der Meditation zu sichern.»

Die Zeit im Buch, Wien

«Bemerkenswert ist die gediegene Einführung des Herausgebers P. Norbert Hartmann. Sie geht behutsam und doch sehr kompetent auf die Spiritualität dieser großen Frau ein und erkundet, wo sie entscheidende Anregungen erhalten hat.»

Schweizerische Kirchenzeitung

«Die im Hauptteil gesammelten Texte bezeugen Edith Steins sensible Geistigkeit und machen die Erfahrungen der Philosophin, Ordensfrau und Märtyrerin für den Leser fruchtbar. Als hilfreich erweist sich auch der Anhang, in dem der Herausgeber Hinweise auf Primär- und Sekundärliteratur gibt.» *Goslarsche Zeitung*

«Wer sich näher mit der Katholikin Edith Stein und ihrem Leben befassen möchte, dem bietet das vorliegende Bändchen einen überzeugenden Einstieg.» *Südwest-Presse, Ulm*

BENZIGER

Von
Herbert Haag
erschienen:

Du hast mich verzaubert

Liebe und Sexualität in der Bibel

Bibliophile Neuausgabe

104 Seiten, gebunden
ISBN 3 545 27054 8

«Mit diesem ansprechenden Titel stellt der erfahrene Alttestamentler seinen weithin geglückten Versuch vor, die Bibel auf ihre Aussagen zu Liebe und Geschlechtlichkeit zu befragen.
Freilich bietet Haags Studie gegenüber anderen Arbeiten den großen Vorteil, die Fragen auf einer anderen, menschlich tieferen Ebene anzugehen. Der Autor schöpft aus dem Lebensgefühl des Hebräers, läßt sich hinabführen zu den Tiefen und Wurzeln menschlicher Existenz und versteht es hervorragend, den Leser beschaulich dorthin mitzunehmen.» *Ordenskorrespondenz*

«Der bekannte Tübinger Theologe leistet mit dieser Veröffentlichung einen beachtenswerten Beitrag zu einem Problemkreis, der trotz römisch-kurialen Verlautbarungen im breiten Kirchenvolk noch längst nicht aufgearbeitet ist.» *Die Ostschweiz*

«Die vorliegende Meditation ist eine überzeugende Anregung, neue Sichtweisen der angesprochenen Probleme, besonders aus der alttestamentlichen Überlieferung weiter zu studieren.»
Der Sonntag

«Prof. Haag entwickelt kühne Gedanken, die in jedem Fall der Auseinandersetzung wert erscheinen. Die Kirche wird sich mit der gesamten Thematik noch gründlich beschäftigen, weil sie den Menschen unserer Tage auf den Nägeln brennt.»
Die christliche Familie

BENZIGER